まちと人の幸せをつなぐモビリティ社会

C：つながる化、**A**：自動運転、**S**：シェアリング（共同）、**E**：電動化
CASEから第三のモビリティ革命が始まる現在、誰もがいきいきと行動できる〝まち〟を未来へつなげようと、さまざまな研究・実証実験に取り組んでいます。

写真提供：ピクスタ

［Ⅰ］ホコ天、五〇年のあゆみ

誰かに会いに行きたい、旅をしたい、散歩やショッピングの楽しみ——。移動（モビリティ）は、人間にそなわる自然な欲求にほかなりません。

ところが便利でスピード重視のモータリゼーション社会は、交通事故の多発や、高齢化により人々が移動に困るという事態を生んでいます。

一方、写真は東京・銀座の歩行者天国のようすです。週末の限られた時間だけ、道路は開放され、人の気持ちも解き放たれます。ホコ天は、一九七〇年代から半世紀にわたり、全国各地の都市に見られるようになったひとときの光景です。

［II］名古屋都心部での提案

日建設計が提案する自動運転時代のまちの姿

右上▶［**Lay Line**］自動運転によって不要となった道路車線を“Lay Line”として地下に沈め、歩行空間へと改造。“都市の新しい目線”と“シンボリックな空間”を創造。

左上▶自動運転社会に不要となる地下駐車場は、ライブ会場やオープンスペースにリノベーション。

片岡健一（企画開発部）・片桐雄歩（設計部）／作画：古山篤志（CGスタジオ）

下▶［**変わらないまち栄**］自動運転社会は、人と車が融合する、新しい形の都市のにぎわいを創出。

上田滉己・江里口宗麟（以上、設計部）／作画：トム ガステル（イラストレーションスタジオ）

上▶［**Sakaeソラユカ**］車路は2本のレールとなり、開放感を維持。
逆台形の建物とすることで、連続した緑の空間としての地上部を、より豊かにします。
冨木昌史・小野竜也（以上、設計部）／作画：シモン カライジエフ（イラストレーションスタジオ）

下▶［**De：PARK**］まちそのものがショーウインドウ！　自動運転と都市に映し出されたホログラムによって、バーチャルとリアルの世界が混在する買いもの回遊空間を創出。
田中裕大・本間千尋（以上、設計部）／作画：青山晴香（CGスタジオ）

自動車中心の道路から、人が主役のにぎわいのある「みち」へ

日建設計総合研究所では、少子高齢化や環境汚染などの課題を踏まえつつ、にぎわいのあるまちづくりの維持・向上を実現しようと「なごや新交通戦略推進プラン」のリーディング・プロジェクト“みちまちづくり”に取り組んでいます。

●都市のイメージ

●生活空間のイメージ

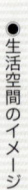

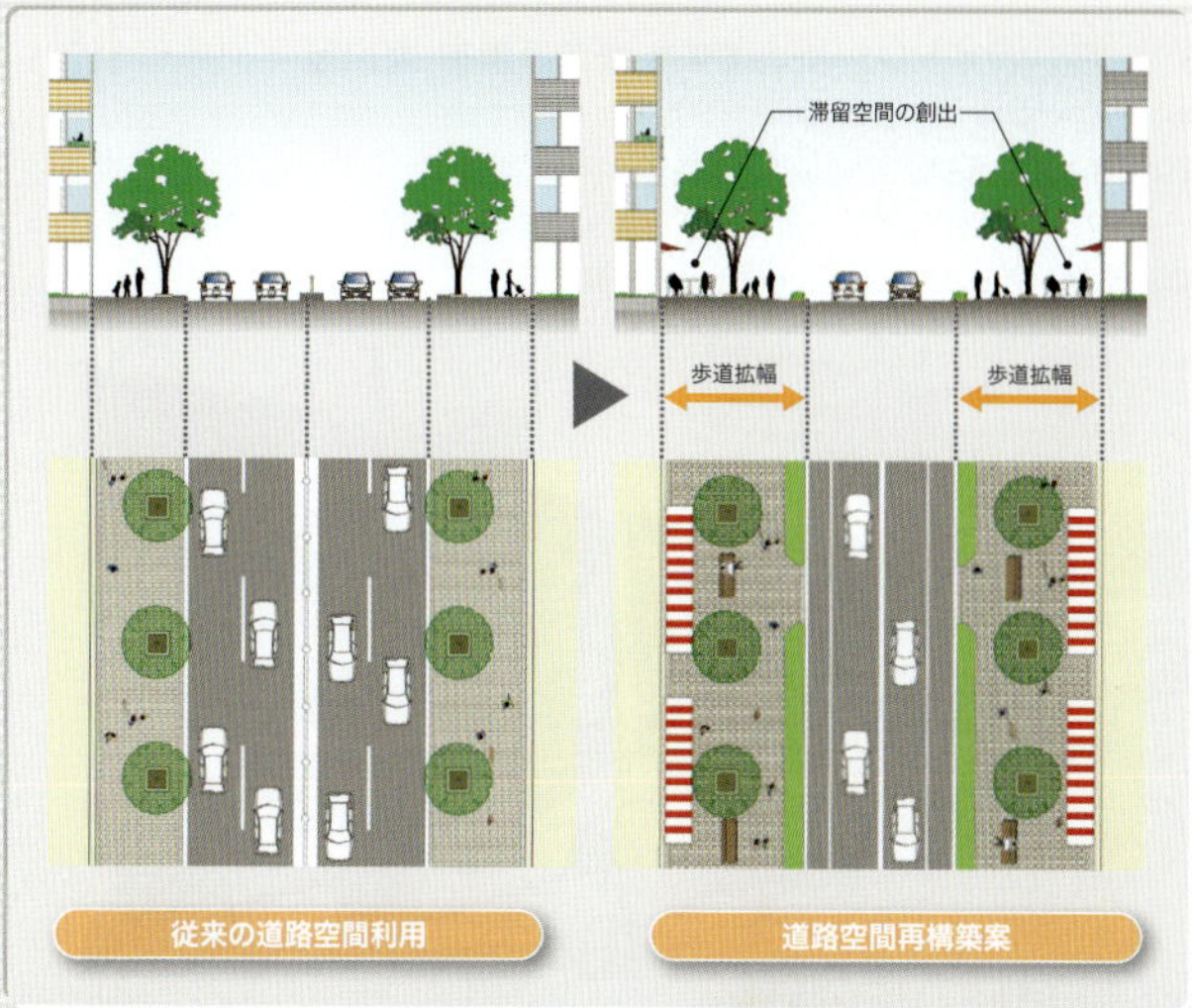

出典：なごや交通まちづくりプラン（名古屋市）

●名古屋市桜通りの夜景

写真提供：ピクスタ

名古屋市の中心部を東西に走るこの幹線道路では、区間を限定して車道の一部を利用した自転車道を設置しています。

ライトレール(路面電車)が走るまち:富山市

2010年、富山市は日本初の本格的LRTとなる富山ライトレールを公設民営により整備。公共交通活性化を軸としたまちづくりを提唱し、全国地方都市の先駆的モデルとなる取組みを進めてきました。

●富山駅前に停車するライトレール

写真提供:ピクスタ

EVカーシェアリングを推進:横浜市

低炭素交通の利用拡大に取り組む横浜市と日産は、2013年から、環境にやさしく走行中の二酸化炭素の排出がない超小型モビリティを活用した実証実験「チョイモビ ヨコハマ」を実施しています。

●超小型EVカー「チョイモビ ヨコハマ」は
日本初のワンウェイ型カーシェアリング

写真提供:日産自動車

待望の自動運転社会へ:豊田市足助地区

自動運転の社会実装は、高齢化や人手不足、過疎などの問題解決のための導入が先行するものと予測されています。写真は2017年11月の公道走行実験のようすです。

[提供]名古屋大学 未来社会創造機構 モビリティ社会研究所

G空間技術を活用した次世代型自転車ナビゲーションの開発と実証

準天頂衛星や高精度地図などを組み合わせた高精度測位が可能なG空間社会。2020年東京五輪の開催を控え、増加傾向にある外国人観光客の周遊手段としてのシェアサイクルに着目し、誰もが安全・安心に目的地まで自転車で移動でき、かつ自転車走行マナーの向上にも貢献する安全運転ガイダンス情報をG空間技術で実現しています。

システムの全体構成

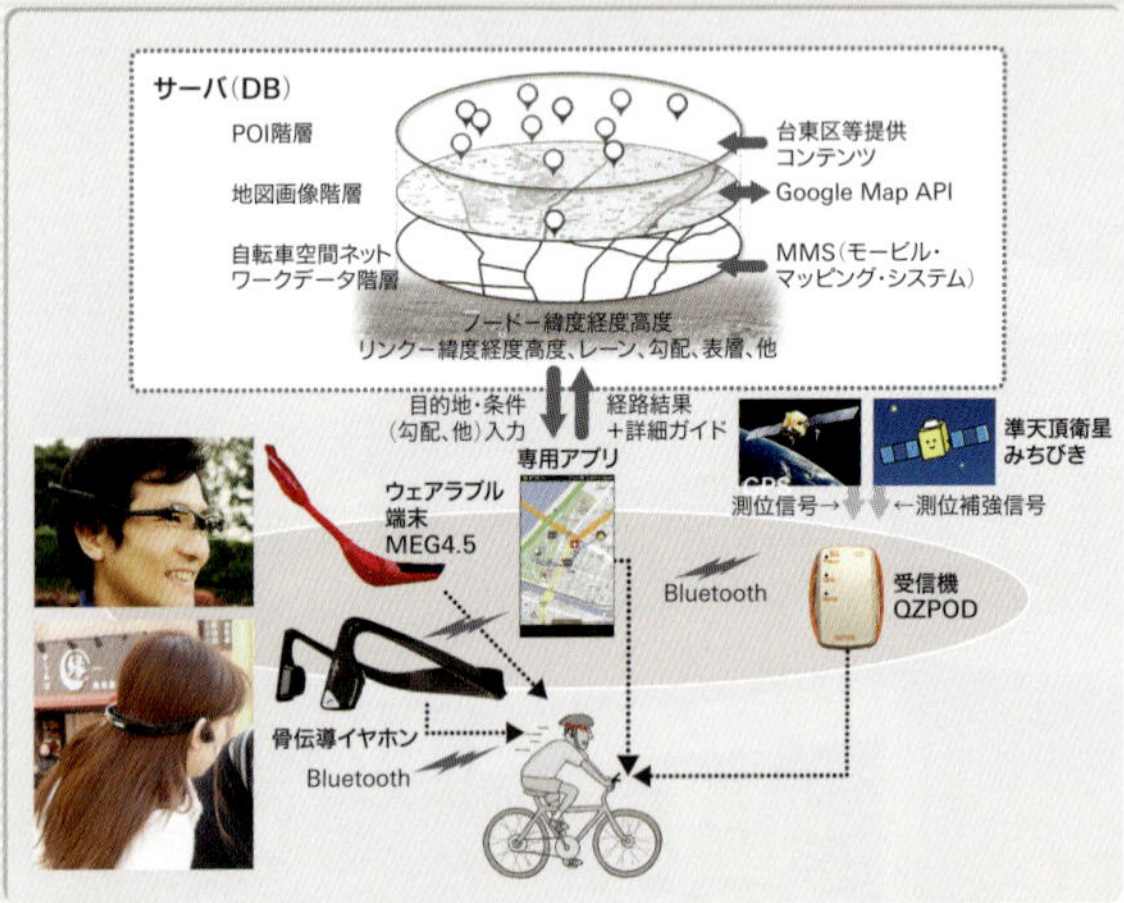

実証実験の実施風景

●出発前の機器操作説明

●ナビ装着状態

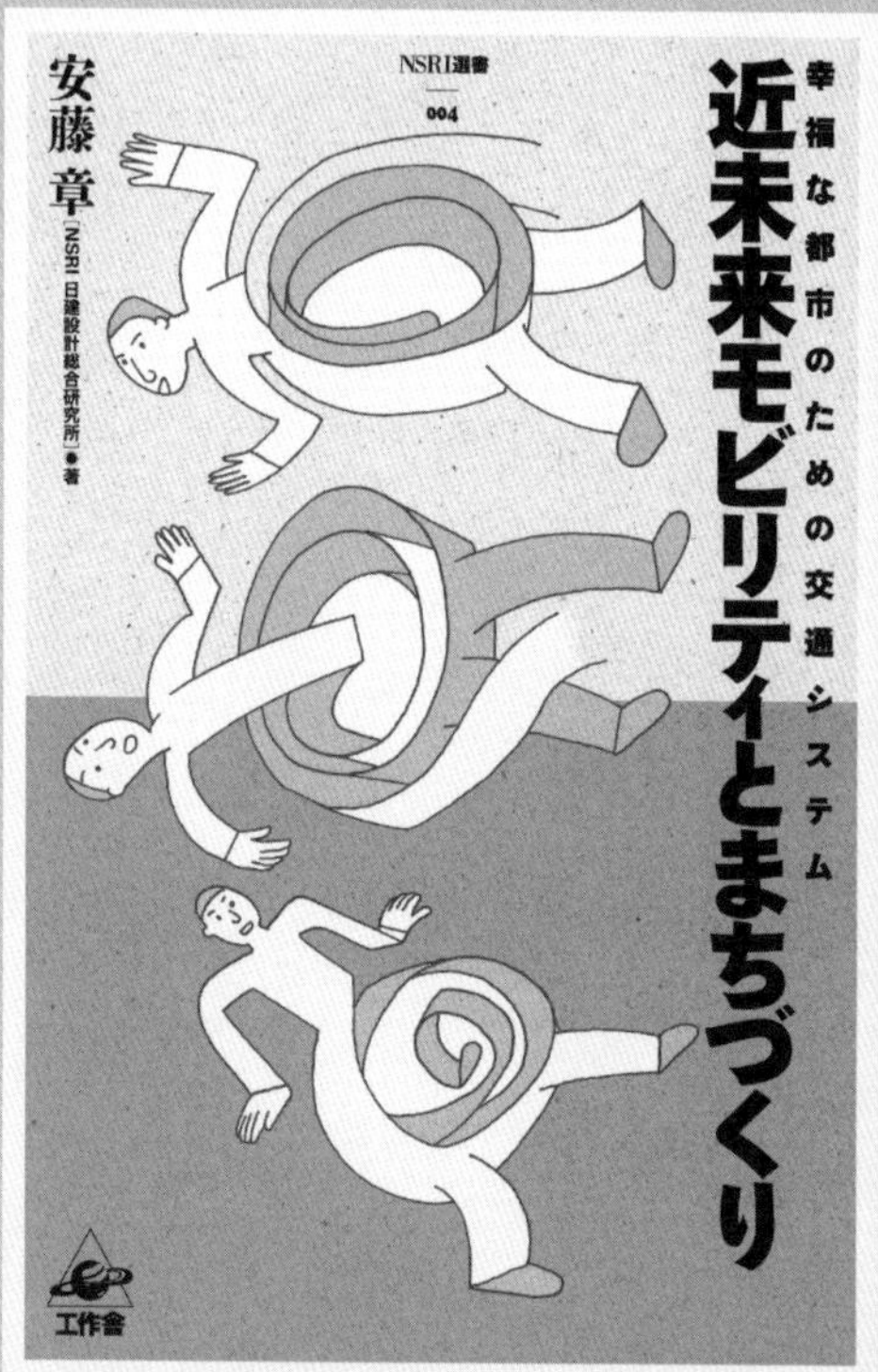
NSRI選書
004
近未来モビリティとまちづくり
幸福な都市のための交通システム
安藤 章
［NSRI 日建設計総合研究所］●著
工作舎

［刊行に寄せて］——CASE革命を社会的観点から見る——森川高行

ここ二〜三年、経済系の新聞で自動運転に関する記事が出ない日はない。そして最近はさらに、「百年に一度のモビリティ革命期」という紹介が多くなった。それは本書でも大きく取り上げられている「CASE革命」である。つまり、自動車はConnected（つながる化）、Autonomous（自動運転化）、Share & Service（サービス化）、Electric（電動化）が進んでいき、これらが全部達成されると「インターネットでつながった自動運転の電気自動車を利用したいときに呼び出す」という究極のモビリティが手に入ると言われている。昔からSF小説、映画、コミックなどに登場する未来の自動車である。SFではさらに自動車が空中を飛んでいることが多いのであるが、最近は「空飛ぶ自動車」さえも真剣に開発されるようになってきている。

これに加えて、CASEのSの一つの姿であるMaaS（Mobility as a Service）という言葉も新聞などで頻繁に目にするようになり、CASEを支える技術であるAI（Artificial Intelligence）やIoT（Internet of Things）という言葉も加わって、近未来モビリティ関係のバズワードが飛び交う世の中になっている。

CASEの中でももっとも未来を感じさせる自動運転について言えば、これまでの報道では、あたかも数年後には完全自動運転車（レベル5）が登場して、行きは寝ながら帰りは酒を飲みながら自動車通勤できる世の中が到来するような書きっぷりであった。ところが完全自動運転はそう簡単なものではない。世界中の情報と富を集める情報プラットフォーマーが自社製の自動運転車を公道で一〇〇〇万マイル走行実験を行っても、世界トップのカーメーカーが数千億円かけて世界の人工知能研究者を集めて研究を続けても、まだレベル5の自動運転車は出てこないのだ。

私の大学でも、情報、機械、交通、社会心理、法律などの専門家を集めて自動運転車の開発とそれを使ったモビリティサービスの構築を数年続けている。そこで目にする運転知能（人工知能）の開発は、一つ一つの走行課題をつぶしていく地道な作業の積み重ねである。現時点での運転知能と比較すると、人間を含む高等生物が何億年もかけて進化させてきた脳のすごさに改めて感心させられる。我々アマチュアドライバーでも、周囲の車のほんの少しの動きを見て、自分の前に入ってこようとしているのか、譲ろうとしているのかを察知して運転している。歩行者もただ路側で立ち止まっているのか、道路を渡りたいのかもすぐにわかる。このような簡単な判断でも運転知能開発ではかなり難しい部類になる。

そこで、日本での早期で効果的な自動運転の社会実装は、完全自動運転の自家用車を消費者に販売することよりも、運転手不足と経営困難にあえぐバス・タクシー・トラックなどの輸送サービスの中の簡単なところから自動運転化を導入するという方向に変わってきている。定路線のバスサービスや過疎地のラストマイルサービスなどがそれにあたる。そのようなサービスでは、自動走行しやすい経路を選んだり、自動運転車に優先権を与えたり、速度を抑えたりすることで技術的なハードルを下げることができ、結果として社会実装の時期を早めることができる。そのような移動サービス（S）は、インターネット接続（C）や電気自動車（E）の利用と相性が良く、前述の「究極のモビリティ」とは少し異なるが、CASEの実現は意外と早いのかもしれない。

そして本書の特徴は、目まぐるしく発展するモビリティだけに注目するのではなく、モビリティを手段として使う、まちづくり、ライフスタイル、そして人間の幸福論にまでフォーカスを当てていることである。私は、本書の著者と同じ土木工学系の交通をバックグラウンドとするものであるが、交通系の授業で最初に学ぶことは「交通は本源需要ではなく、派生需要である」ということだ。つまり、異なる場所に行かなくてはならない土地利用やライフスタイルがあるから、交通という需要が発生するのであり、交通を行いたくて行う場合はほとんどないということである。

それでは本書でも紹介されている、ドラえもんの「どこでもドア」が究極のモビリティかと言うと、そうでもないところが移動論の奥の深さである。多くの人は移動の過程を楽しむのである。それも動物が何億年もかけて進化させてきた脳の喜びなのかもしれない。昔から、子供も大人も楽しめる遊具の代表が乗り物である。完全自動運転車に乗っているときも喜びを感じるのか、それはお抱え運転手付きの車に乗っているときと違うのか。このあたりの、移動の持つ本源需要性についても本書で触れられている。

そして何と言っても本書を貫いているメッセージは、モビリティ進化を通じての人間の幸せの向上であろう。交通事故の大幅削減、移動に関わるストレスの減少、通勤地獄からの解放、そして近未来モビリティを最大限活用した「まち」における人間性の回復である。モビリティ革命に関する最近の出版物の多くが、交通面だけにフォーカスしたり、産業面をクローズアップしたりしていることを鑑みると、本書に貫かれる「幸せの増大」を常に念頭に置いたモビリティ革命がこれから進むことを願いたい。

二〇一九年四月

［もりかわ・たかゆき　名古屋大学 未来社会創造機構モビリティ社会研究所教授・Ph.D.］

第1章

モビリティとは何か

1.1――モビリティの歴史

大学生のころ、何気なく受けた交通計画特論という講義のなかで、当時の担当教授が次のように述べた。この教授は、のちに私の研究室の指導教官となった方である。

「人類は、文明をもち始めたときから、移動を始めた。遊牧民は、家畜に牧草を食べさせるために、良質の草を求めて移動をする。農民も、自身が手がけた農作物を、他の生活必需品に交換するために市場へ持って行く。移動は、人間が生きるために必要なものなのである。この移動こそが〝交通〟であり、この講義では文明社会を維持するため、必要な交通インフラをどう造っていくかを勉強する」

どちらかといえば、それほど真面目な学生でもなく、単位を得ることが目的で受けた講義であったが、なぜか、教授の話にとても関心をいだき、それ以来、妙にまじめに講義にのめりこんでいった。三〇年以上前のこの出来事が、今の自分の職業と研究テーマのきっかけになっている。そう思うと、人生とは不思議なものである。

では最初に、モビリティの歴史について、簡単に整理してみよう。

●モビリティの開花は産業革命から

教授が話された人類の文明史とモビリティの関係にまで遡ることはできないが、交通史に係るさまざまな調査文献によれば、人類の交通史にとっての大きな転換点は、一八世紀半ばから一九世紀にかけての産業革命の時期である。本節「モビリティの歴史」については、主に『運輸政策研究』（二〇〇二年）に発表された論文（詳しくはp.245）を引用・参考にしながら書き進めることとする。

産業革命に至るまで、人びとのモビリティはわずかなものであったという。日常的な活動では、農地までの移動や収穫した作物を市場へ運搬する程度であり、その回数も少なければ移動距離も限られていた。移動の動力は歩行か馬によるものであったことから、当時のモビリティ、一人の人間が行う一日あたりの移動量は、一・一回くらいだったと予想されている（Saitzの試算）。このころの世界人口は約六億人と、現在の約六〇億人の十分の一程度である。交通混雑や交通公害等の社会問題は当然あるはずもなく、きわめて穏やかなモビリティ社会であったと推測される。しかし、その後におきた産業革命により、モビリティの歴史は、劇的な変革と拡大を遂げることになるのである。

一七六九年にジェームズ・ワットが蒸気機関を開発すると、それまで人力や牛馬が中心であった移動の動力源が、蒸気機関へと代わっていく。産業革命による生産能力の拡大を図るため、「生産」という行為は、大規模な機械化がなされた「工場」という場所で行われることとなり、大量の原材料である鉄鉱石や燃料である石炭などを、速く、そして安く輸送することが求められた。そこで、交通機関の改良が進む。一八世紀後半にはイギリス国内に運河が張りめぐらされたが、一九世紀には、早くもこの輸送手段が「鉄道」にとって代わられる。一八二五年、ジョージ・スティーブンソンが鉄道システムを実用化し、これが陸上の最重要な輸送機関となっていった。イギリスでは一九世紀前半には、早くも鉄道のネットワークがほぼできあがっていたというから驚きである。

まさに、モビリティ革命の第一弾は、「速く」、「安く」、「大量」にという大号令のもとで、産業革命とともに突き進んだと言える。また、交通の効率化が、生産活動の効率を高め、人びとと社会を豊かにした。さらに、都市計画の点でも大変に興味深いことがこの当時に起きていた。鉄道拠点の周辺に工場が立地し、商品流通の中心となる都市が発達したのである。現在、日本では駅周辺というのは人びとが集うにぎわいの場と考えられているが、当時はあくまで生産拡大のための基地であった。

その後、鉄道はヨーロッパ各地、そしてアメリカへ、ヨーロッパの各植民地へと、またたく間に広がっていった。こうして、産業の発展は生産と消費の拡大と都市化をもたらした。そしてこのことがまた、都市化の促進と膨大な交通需要を引き起こし、都市交通問題の発生を招いていくことになるのである。

●第2のモビリティ革命は「モータリゼーション」

一八世紀後半になって、いよいよ近代交通の主役となる「自動車」が発明される。一七六九年にフランスのニコラ・キュニョーが蒸気機関を搭載したクルマ、ファルディエール号を開発した。その速度は、人間が歩く程度で、主な用途は大砲の運搬であったというから、現在の自動車の用途とはかけ離れている。また、このころから蒸気機関に代わって、ガソリンを燃料とした内燃機関が用いられるようになる。すると、自動車は飛躍的な進歩を遂げることになった。

世界初の本格的なガソリン自動車は、一八八五年にドイツのカール・ベンツが開発した二人乗り三輪車のモトールヴァーゲンである。時速は一三キロであったというから、まだまだ「速い」という印象からはほど遠いが、これがその後の急速な交通革命をもたらした自動車の原型であることは間違いない。

一八九五年には、パリ～ボルドー間の自動車レースで、ガソリンエンジンの利点が証明された。そして、一九〇一年にテキサス州スピンドルトップの油田噴出によって、石油の供給量が確保できるようになると、石油が自動車にとって有用な動力源とみなされるようになる。

そして一九〇八年、ついに一般大衆向けの自動車が登場する。かの有名なヘンリー・フォードのT型モデルである。一九一三年に初めてアメリカで自動車の大量生産が可能になると、一日に最高一千台が出荷されるようになった。一九〇八年から一九二七年までの生産台数は一五〇〇万台以上になったという。この先、自動車の市民への普及が、市民生活に大きな革命をもたらしたことは言うまでもない。

第一次世界大戦中には、アメリカ国内では自動車による軍事物資の輸送が行われたが、このことが、自動車が他の輸送機関に比べて非常に有用な移動手段であることを立証した。旅客と貨物の両方において、自動車がしだいに広範に用いられることになる。

このようにして自動車は、市民生活の中に溶け込んでいき、人びとのライフスタイルや都市構造にも大きな影響を及ぼすことになったのである。社会の自動車化、いわゆる「モータリゼーション」は、道路建設を必要とし、さらにはガソリンスタンドや駐車場、モーテル、道路標識、地図などの社会インフラの整備も必要にした。

ちなみに、日本で統計上、初めて自動車保有数が記録されたのは一九一二年だという。そのときに日本で使用されていた自動車は、全部で五三五台であった。以後、自動車は着実に普及し、一九二〇年に七九一二台、一九三〇年には八万八七〇八台となった。しかし、日本における自動車の保有台数は、他の先進諸国と比較して少なく、同時期のヨーロッパ先進諸国と比較すると、一〇~二〇分の一程度に過ぎなかったそうである。

しかしその後、モータリゼーションは、都市と環境に徐々に暗い影を落とし始める。

●モータリゼーションで変貌する都市の姿

大量生産型自動車の発祥の地であるアメリカでも、第二次世界大戦以前は、鉄道や路面電車が交通の主要な地位を占めていた。しかし、一九五〇年代には自動車保有台数の水準がほぼ一世帯に一台にまで達し、道路や駐車場、そして都市計画もこのモータリゼーションの進展に歩調を合わせて進められていったのである。その結果、郊外鉄道や路面電車の需要は減少を続け、公共交通経営は悪化し、公共交通路線はつぎつぎに廃止されていった。

まさに、現在の日本がかかえているのと同じ問題が、米国ではすでにこの時期に、このような社会問題として発生していたのである。だとすると、現在の日本における交通問題の行く末は、じつは七〇年前の段階でも容易に予想ができていたはずである。

モータリゼーションの進展によるモビリティの向上は、米国固有の広大な敷地という国土特性とも相まって、低密度な都市圏の広域化に拍車をかけた。一九五〇年代以降、高速道路をはじめ多くの道路が建設され、人びとのモビリティは、鉄道に頼った時代より大きく増加した。鉄道や軌道など公共交通機関の衰退は、ますますモータリゼーションを加速させ、社会全体が完全に自動車依存の体質へと変貌していったのである。

ヨーロッパも同様であった。一九五〇年代に入り、第二次世界大戦の惨禍からの復興が進むと、西ヨーロッパ諸国でもモータリゼーションが進展した。しかし、西ヨーロッパ諸国におけるモータリゼーションは、米国と異なり、公共交通との共存が図られていた。

ヨーロッパの都市は元来、城郭に囲まれたコンパクトな構造をしており、都心部の道路が狭隘で自動車利用に不利であった。また、イギリスのグリーンベルト政策や旧西ドイツに代表される厳しい土地利用規制により、郊外部に大型商業施設や沿道型店舗群が立地することを防いできた。さらに、公共交通の多くが行政によって経営されていたため、モータリゼーションの進展中にも維持されてきたのである。

私は、この対立をとても興味深いと思っている。つねにイノベーションを求めるアメリカ人と、保守的なヨーロッパ人の哲学の相違が、モビリティと都市政策の違いに顕著になった例ではないかと考えるからである。

戦前の日本では、鉄道駅の周辺に市街地が発達するのが一般的であり、人口二〇万人を超える都市の場合、路面電車が都市内交通の主要な部分を担っていた。多くの都市が破壊された第二次世界大戦の後も、この鉄軌道主体の交通体系と都市形態は維持されていた。

一九五〇年代後半からの急速な経済成長は、国民の所得を上昇させ、自動車の購入が増加した。国民車の開発も進み、自動車生産も急激に増大していった。工業生産の拡大は都市への人口集中を促し、自動車利用の増大は都市域の拡大をもたらしたのである。こうして、日本では経済成長、モータリゼーション、都市化が相乗的に進展していく。

ところで、戦後日本の復興のため、一九六〇年代に米国から日本に派遣されたワトキンスの調査団の報告が興味深い。彼らは「日本の道路整備状況は劣悪で、道路混雑が深刻である。工業国にして、これほどまで道路整備を放置してきた国はない」と酷評したのである。多くの日本の都市では、都市交通の一部を担っていた路面電車が、道路混雑を激しくするとされ、一九六〇~七〇年代にかけて、つぎつぎに廃止されていった。日本には強力な土地利用規制・誘導制度がなかったため、鉄道沿線以外の郊外部で住宅地が開発されるようになり、都市のスプロール化が始まった。そして、これがまた都市での自動車交通をいっそう増加させることになったのである。

日米欧それぞれの歴史の中で、モビリティ政策が進められていったが、いずれもモータリゼーションへの対応であったことは間違いない。日米欧、三者三様ではあるが、個人的には、モビリティ政策の現在の成功例という点では、ヨーロッパ方式に軍配が上がるのではないかと考えている。

●モータリゼーションは、やがて規制政策の対象へ

人類は、自動車交通の便利さを享受し、モビリティが豊かな暮らしを実現する方へと発展をめざした。

しかし一方で、自動車は新たに深刻な社会問題を引きおこすことになっていく。都市部などでの道路混雑は多くの国で顕著となり、渋滞による経済的損失、さらには渋滞による肉体的・精神的な苦痛が増大していく。ストレス社会を招くことになるのである。国土交通省が行った調査結果では、道路混雑による渋滞損失額の試算結果は、東京では一キロあたり年間三七一〇万円、全国の場合は年間一二兆円と推計されている。いわゆる「渋滞問題」である。

そもそもモータリゼーションを可能にしたのは、ガソリンの大量で安価な供給であった。産業での石油利用の拡大とモータリゼーションの発展の結果、一九四〇年代に南カリフォルニアで初めて大気汚染という環境問題が生じた。当時、南カリフォルニアは戦後の経済成長、移民等の増加による人口増加、大衆車の普及とフリーウェイ建設などが重なって自動車交通が猛烈に増加していた。盆地であるロサンゼルスなどは、光化学スモッグの発生と健康被害が深刻化していく。こうした問題が、南カリフォルニアの各地で浮上すると、一九五三年には各自治体により、大気汚染を防止する法律が制定されるようになった。一九六三年には、初の空気浄化法「Clean Air Act」が連邦政府により制定され、州を越えて大気汚染対策に取り組むように

なった。

その後、米国にEPA（Environmental Protection Agency：連邦環境庁）が設立され、米国の排出ガス規制法案である、かの有名な「マスキー法（Clean Air Act of 1970）」が制定された。マスキー法は、自動車からのガス排出量に対し、一九七五年までに一酸化炭素と炭化水素を九〇％削減すること、および窒素酸化物については一九七六年までに九〇％削減するという厳しい要求基準を示し、一九七五年までに規制を満たせない場合は、一台当り一万ドルの罰金が課されるというものであった。これに対し、自動車各社は、技術的に実現が不可能だとして、一九七五年の期限を延長するように求めた。だが、一九七二年に日本のホンダがマスキー法をクリアできる「CVCCエンジン」を完成し、一気に日本の自動車技術が注目されるようになったのである。

大気汚染による健康被害を中心とする交通公害問題は、欧州でも一九六〇年代に、そして日本では七〇年代、ASEAN諸国では八〇年代、その他の発展途上国では、九〇年代以降につぎつぎと社会問題化していった。排ガスによる健康被害問題は、自動車各社の努力により、ほぼ改善されてきたが、現在、問題とされているのはCO_2排出に起因する地球温暖化である。しかし、このような問題も、3章で述べる電気自動車（EV）や燃料電池車（FCV）の普及開発により、将来的には解決されるものと期待できる。

❖交通需要を管理する政策への転換

増大する自動車交通に対処するため、各国は環状・放射方向の道路整備等、道路の供給能力の増大を図る政策に重点をおいてきた。しかし、オイルショックを契機に一九七〇年代後半からは単に道路施設の量的な確保ではなく、既存施設を有効活用しようとする考え方が取り入れられるようになった。たとえば、交差点の改良や信号制御の工夫、バスレーンの設置などで、交通容量を低コストかつ短期的に増加させる方法などが検討されるようになったのである。

一九八〇年代になると、人・企業の立地や活動内容や交通需要の源に直接働きかけて交通をコントロールしようとする交通需要マネージメント：ＴＤＭ（Transportation Demand Management）と呼ばれる手法が脚光を浴びることになる。ＴＤＭが注目された理由として、インフラ整備を推進するうえでの財政制約、道路新設にともなうインフラ整備による新たな交通需要の喚起という悪循環（いわゆる誘発交通需要問題）、環境負荷軽減のための交通抑制の必要性、地域住民の環境意識の高まりなどが挙げられる。このように、供給サイドによる対策（道路整備）よりも費用対効果において優れているという認識から、交通の発生需要側を適正にコントロールしようという発想の転換が行われたのである。

ＴＤＭ施策とは、たとえば時差出勤、カーシェアリング、パーク・アンド・ライド、キス・アンド・ライドの公共交通利用の促進、都心部自動車乗り入れ規制等が挙げられる。一方、ヨーロッパの諸都市はコンパクトな市街地が形成されている場合が多いため、都市内での新たな幹線道路整備も難しい状況にあった。そのため、モータリゼーション下の都市交通政策においても、歩行者空間や公共交通施設の整備に重点が置かれ、トランジットモールやLRT（Light Rail Transit：軽量軌道交通）の整備なども進められていた。

地下鉄も整備されたが、より多くの都市では市内電車の運行が続けられ、これをより便利で快適なものとする努力がなされていたのである。フランスのストラスブールやドイツのカールスルーエなどの都市では、LRTが走るトランジットモールを整備することによって、公共交通利用の促進と都心の活性化を図る先進的な事例として世界の耳目を集めた。

米国の中でも、早くから脱自動車の考え方が定着したサンフランシスコでは、一九五九年以降、高速道路の建設を抑制していた。そして一九七三年には、トランジットファストポリシーという都心への自動車の流入を抑制する理念が掲げられた。アメリカ西海岸オレゴン州にあるポートランドでも、環境問題を意識した交通計画として、都市開発と公共交通（LRT、バスルート）整備とを協調させる政策が実施された。交通政策と都市開発を大気汚染対策と連動させ、経済発展と地区環境保全の両者を目標とする土地利用計画を策定しているのである。

欧州でも、たとえばオランダでは、ABCポリシーという交通計画と連動する土地利用規制施策を実施している。新規事業所の立地について、業種・業態によってふさわしい地域を指定し、それ以外の地域への立地を制限した。また一九七〇年代には、都心乗り入れへの課金により、需要を抑制しようとするロードプライシングがシンガポールで実施された。

道路整備が、アメリカやヨーロッパよりも遅れた日本では、一九九〇年代になっても道路建設は精力的に進められていた。とくに大都市部では、環境保全を望む市民の反対の声も少なくないが、遅れた環状道路の建設が進められており、かなりの区間は建設費が膨大となるものの、地下道路として計画・整備されている。

一方、道路の供給サイドからの対策だけでは都市交通問題の根本的な解決に達するのは困難であることが認識され、TDM対策もいくつかとられるようになった。また日本の対策で注目すべきは、需要管理よりも、新技術適用で自動車利用を効率化しようとするITS（Intelligent Transport System　詳細は3章参照）の開発と、その実用化である。具体的には、VICS（Vehicle Information and Communication System：道路交通情報交通システム）によるカーナビゲーション技術の高度化、ETC（Electronic Toll Collection System：電子料金収受システム）による料金徴収の容易化、そして二一世紀になった現在では「自動運転車」の開発へと進んでいる。

1.2——変わるモビリティの価値観

●矛盾をかかえつつ成長したモビリティシステム

先に紹介したように、人類は産業革命で得た技術を梃子《てこ》に、産業革命以前には想像すらできなかった自動車という革新的なモビリティ手段を得ることができた。ここに到る期間は、ジェームズ・ワットが蒸気機関を開発した一七六九年からジョージ・スティーブンソンが鉄道システムを構築する一八二五年までのたった六〇年、その後、カール・ベンツが自動車の原型を開発する一八八五年までの六〇年があり、そして自動車の大量生産ができるようになるまでの時間は、一九一三年までのわずか三〇年であった。

産業革命以前は、歩行と牛馬の力でしか移動できなかったにも拘らず、産業革命を契機に人類は一五〇年という短期間のうちに、現代の交通システムの原型になる鉄道と自動車という交通システムを、同時に取得してしまったのである。このように見ると、産業革命は偉大であり、また現代の交通システムの創造が、この短期間で構築されたという事実に驚くばかりである。

一九一三年の自動車の大量生産から、現在までの時間はたったの百年である。この百年の間に、人類は自動車と鉄道という乗りものの便利さを享受し、有史以来、さまざまな歴史のなかで築かれてきた人類の生活の営み（ライフスタイル）と都市の姿までもが、急激に変貌し、再構築されてきたのである。その結果、交通渋滞、交通事故、交通公害・地球環境問題という多くの社会矛盾をかかえることとなった。最近の五〇年間は、それらとの闘いの連続である。

交通渋滞は、人びとに多くのストレスと経済的損失を与える。また、交通事故は悲しく、憎むべき事態である。移動の便利さと引き換えに、多くの人びとの尊い命が犠牲となってきた。そして交通公害・地球環境問題は、現在だけでなく、後世にも多大な負の遺産と恐怖心を与え続けている。

繰り返すが、有史以来、祖先たちが築いてきた歴史と文化に根ざした個性豊かな都市とそのまちなみは、モータリゼーションの嵐の中で、わずか百年の間に大きな損傷をこうむってしまった。とくに、日本や米国のような都市計画の規制が緩かった地域では、道路の拡幅、駐車場の整備といった自動車のための道路インフラによって、歴史的なまちなみでのスクラップ・ビルドを重ね、都市の歴史と数々の思い出が、わずかこの百年の間に抹消されてしまったのである。

このように、急激なモビリティ革命が進み、ライフスタイルの変化、都市の改造がなされてきたのだから、政策者側もモビリティに係る人びとの暮らし方を規制し、本来あるべき姿にコントロールする必要があった。だが、あまりに急激な変化であっただけに、そんな余裕はなかったと思われる。

自動車会社と、戦後の豊かな暮らしを求める市民を満足させるため、モビリティは急速に発展していった。

政府も自国の産業を成長させ、国の富を蓄えるため、二〇世紀の富の源泉となる自動車産業の活躍に大きな期待を寄せた。わが国も当然そうであった。日本の場合は、さらに戦災復興も重なり、焼け野原に新しいまちを造りなおす必要があった。その際、戦後の豊かな暮らしを実現させる産業の創造もセットで進めようと、自動車産業に期待が集まった。自動車に都合のよいまちづくりをしようと、足かせとなる路面電車は躊躇なく撤去され、まちなかに「自動車王国の空間」を造りあげたのである。

●単純だったモビリティ政策のソリューション

私が大学院を修了し、社会人として今の仕事に就いたのは一九九一年である。当時は、いまだ多くの渋滞問題や交通事故問題が顕在化していた。

今までに百件以上のモビリティに関するプロジェクトに携わってきた私だが、百件のプロジェクトと聞くと、あたかも百戦錬磨のごとく、凄いと思って頂けるかもしれない。しかし、その実情は意外とシンプルなのである。扱ってきたことのほぼ八〇%近くが、「交通渋滞の緩和」、「交通事故の削減」、そして「交通公害・地球温暖化問題の解決」を目的としたプロジェクトなのである。

言い方を変えれば、私はどんなクライアントに会おうとも、彼らが求めていることは、「交通渋滞の緩和」、「交通事故の削減」、そして「交通公害・地球温暖化問題の解決」であり、そのことのみに専念していればよかったのである。また、その解決方法もほぼ決まっている。道路の供給処理能力の拡大（自動車が流れる道路の交通量を増やすこと）、または、自動車ではなく鉄道・バスなどの公共交通に転換させる方法を考えればよいのである。

モータリゼーション（自動車社会）が、市場原理に翻弄されてきたのが急激（わずか百年）であったため、この過程で発生する膨大な問題（渋滞、交通事故、環境問題）に対し、政策は対症療法的に対応せざるを得なかった。――ということは十分理解できる。さらに、戦後のベビーブーム世代の増加や都市化が相まって、交通需要の急増と問題化を深刻化させてもきた。

●求められる「モビリティデザイン」

二一世紀も五分の一に達しようとしている現在、モビリティの価値観は大きく変わろうとしている。

自動車の大量生産が始まった一九一三年から百年が過ぎ、若い世代を中心に人びとの「自動車への憧れ」は、薄れてきているという。私の娘などは、自動車での移動より、鉄道で移動する方が楽しいという。

人口減少が進み、昔のように人の移動（交通量）総数も減少すると予測されている。さらに、昨今のＩｏＴ（Internet of Thing：モノのインターネット）やＡＩ（Artificial Intelligence：人工知能）社会が進展し、会社に出社して仕事をするという私たちのライフスタイルも変わるという。会社に行くのでなく、在宅勤務や自宅近くのサテライトオフィスで仕事をする時代になるのかもしれない。

物流にも大きな変化が訪れている。アマゾンに代表されるネット通販の一般化で、人びとの間で「買いものに行く」といった価値観が大幅に減少している。「人」が「まち」へ出かけるという行動に代わって、トラックや物流交通が住宅街を縦横無尽に走り回る時代がやってきている。産業革命以来、永らく都市と人びとを悩ませてきたモビリティ問題は、早々に終焉を迎えるだろうことは、読者の皆さんにもご理解いただけると思う。とはいえ、配達しても留守の場合が多いこと、アマゾンに代表されるネット通販の数が増え、送料が安いなどの諸問題が起きていることも確かなのだが。

新たな諸問題はさておき、産業革命以来、モビリティ政策は自動車や鉄道といった機関系の、いわゆる乗りものに着目してきた。自動車や公共交通の走行ルートは、どこが望ましく、そのためにどこの道路や鉄軌道を整備したらよいのかを常に検討・計画してきた。

また、都市では人と自動車の「敵対関係」が続いている。自動車は、人がまちなかを歩くうえで、邪魔で怖い存在。そう思っている人も、どこかのシーンでは自動車を利用し、加害者になっている。場合によっては、自動車でそのまちまで来てどこかに駐車させて、歩行をしているのかもしれない。自動車を降りた瞬間に自動車を敵視するあたりが、人間のエゴの怖いところである。そのため、モビリティ政策では、歩行空間と自動車空間を分離する（車道と歩道といった感じに）方法が王道化されている。しかし、このような十分な道路空間を確保できる場所は、通常、限られている。そこで沿道の建物を再開発して、歩道と車道を拡幅する。すると、再開発によって沿道の地域固有のまちなみは壊され、画一的な近代建築物が建ちなぶこととなる。自動車と人間の対立のなかで、都市はその個性と文化を色褪せさせてしまうのである。

これからは、交通需要量も落ち着く（減少する）であろう。今ある道路などの社会インフラを有効活用し、自動車に奪われた都市空間を、再度「人間中心の空間」に再構築するチャンスが訪れていると考えていいだろう。

自動車側も大きく変わろうとしている。たとえば、電気自動車（EV）となって環境に優しくなる。「自動運転車」になれば、人にも優しくなる。自動車は人間が運転するという仮定のものであったから、ジュネーブ条約では交通事故も運転者がその責任者であるとしていた。しかし、このような前提が変わってしまう。道路設計の分野でも、道路構造令は、人間の運転ミスを想定し、道路の幅員に余裕をとっているが、自動運転社会になれば「人間の操作ミス」といった安全係数も必要なくなるだろう。自動運転の技術レベルによるが、自動運転車が社会に浸透するのであれば、当然、無事故で完璧な自動運転車両の開発が期待される。そうであれば、自動車対人間の対立構造もなくなるかもしれない。

人間に寄り添い、人間と対話できるヒューマンスケールの乗りものが開発され、それが「次世代の自動車」ということになるかもしれない。そのとき、歩道と車道という空間区分の概念はなくなり、歩行者と自動車が混在する「共有の空間（シェアードスペース）」という道路空間が実現するだろう。

最近の自動車の技術革新と社会情勢の変化は、まさにヒューマンスケールでモビリティ社会を考え、都市を再構築する時代の到来を欲していると言えるのではないだろうか。都市における「人間」と「非人間である移動手段」の適切な関係を築く、それがモビリティデザインであると、私は考えている。

第2章

モビリティ観のパラダイムシフト

2.1――移動時間の価値観を変える

●速い・安いは嬉しいこととは限らない

以前、大阪へ出張したときのことだった。同じプロジェクトを遂行していた他の企業の方と、帰りの道中をご一緒した。ともに名古屋に帰る予定であったが、彼の方からおもむろに、「なんばから、近鉄で帰りましょうよ」との提案があった。

普段は新幹線しか使わない私は、一瞬ためらった。新大阪―名古屋間は、新幹線なら、五八三〇円、時間にして五〇分。一方の近鉄だと特急を使っても、なんば―名古屋間で四二八〇円、時間は二時間三〇分ほどかかる。一時間四〇分の余計な時間と一五五〇円の節約、どちらを選ぶべきか……。彼はいつも、近鉄を使って節約をしているのだろうか……倹約家で偉い人だと勝手に決めつけていた。

しかし、彼の話を聞くと、どうやら私の早とちりのようであった。

「普段は新幹線だけど、今日は金曜で後の仕事もなく、安藤さんと一緒できるし、たまにはのんびり帰ろうかと思ってね」と、駅の売店でビールやおつまみをしこたま買い込み、電車に乗り込んだ。明らかに一五五〇円の節約分を超えるような出費であった。

彼が言うには、疲れが溜まっていると感じるとき、考えごとをしたいとき、または移動中に仕事をしたいときは、時間が余計にかかる近鉄特急を利用するのだという。つまり、運賃や費やす時間といった単純な価値基準からではない独自の価値基準によって、交通手段を選んでいることになる。

モビリティ政策に携わる私たちプランナーは、若いころから、「速い、安い、大量輸送」をモビリティ観の是として、多くのプラニングを行ってきた。しかし、彼の選択基準はまったく異なるものであり、私にとってはモビリティ観そのものが、大きく変わろうとしていることを実感する瞬間だった。

❖「時間価値」とは何か

大学でモビリティ政策を学んだときに、最初に学ぶ理論が「時間価値」であった。読者の皆さんには、何となく言葉の意味はおわかりいただけると思う。

「時間価値」の正式な定義は、時間の変化に対して支払ってもよいと消費者が考える金額のことである。たとえば、先の新幹線と近鉄特急を例に考えてみよう。新幹線の方が、近鉄より運賃が一五五〇円高くなる。だが時間は一時間四〇分（一〇〇分）節約できる。新幹線を利用するのは、一分の節約のために一五・五円を払ってもよいという時間価値を選択することである。

そしてこの一五・五円／分という価格設定が、大変に重要であることを私たちは大学で学んだ。

かりに、三〇円／分の時間価値で新幹線の運賃を設定したなら、新幹線の利用者は減ってしまうことになる。具体的に示すなら、新幹線の運賃が今より一四〇〇〇円高くなる。新大阪―名古屋間が五八三〇円から七二三〇円になるということである。この時間価値は、国民の生活感や所得とも密接に関係するものであり、われわれプランナーも慎重に調査して設定に当たらなければならない。

しかし最近、その時間価値について、ある種の新しい論争が巻き起こっている。

●交通（移動）を愉《たの》しみ、通勤地獄も解消へ

時間価値は、モビリティ政策の価格水準を決める重要な指標である。日本だけでなく、欧米諸国の研究者・技術者および政策決定者は、この価格について慎重に調査している。そのなかで、時間価値の設定に関する興味深い知見が、日本で報告されたことがある。

欧米諸国では、時間価値に関するさまざまな調査・研究が進められている。たとえばオランダの研究者（Gunn）は、一九八八年と九七年に国民の移動に関する時間価値の調査を行い、この二時点間で時間価値が下がったと明かしている。氏によれば、ＩＣＴ（Information and Communication Technology：情報通信技術）の発展により移動途中も仕事ができ、あえて速く会社に

戻るなどの必然性がなくなったからではないかという。当然ながら、反論を唱える研究者もいて論争となった。

それはそれとして、先の近鉄特急の話とも重ね合わせ、私自身はこの意見にも一理あると考える。たとえば同じような事例に、JR東日本が運営を開始した東北新幹線グランクラスがある。鉄道・航空競争の現場で囁かれる「三時間の壁」（新幹線と飛行機の所要時間についてだが、三時間を超えると一気に新幹線利用が減り、飛行機に流れ込むという現象）への対策として、JR東日本が導入したのがグランクラスである。料金はグリーン席より遥かに高いが、お酒は飲み放題で食事つき等、まさに新幹線のファーストクラスであり、いつも満席状態だという。

このように、最近のモビリティ利用者の価値観は、単に今までの速い・安いだけの価値では測りきれない。新しい価値観が何なのか、そのあたりを見きわめてモビリティ政策を考えることが求められている。

私的な感想だが、今までの「交通」については、地味な裏方的な印象が強かった。家から会社まで、ビジネスマンたちを運ぶ通勤列車にいたっては劣悪な状態としか言いようがない。渋滞する道路のクルマから排出される汚染物質、都市内に虫食い状に広がる無機質なコインパーキング等々。華やかで楽しい「交通」を思い浮かべることのできるシーンは限られている。

「駅ビル」はどうか。海外プロジェクト関係者の間でもよく議論の対象となるのが、なぜ海外、とくに成長国では鉄道が利用されないのだろうか。日本の鉄道インフラが誇るべき技術は、安全性、運行の正確さ、そしてサービスだと言われる。私としては、これに加えて、駅ビルをはじめとする駅の施設の「愉しさ」を上げたい。子供のころもそうだったが、駅のデパートはハレの舞台であった。駅デパでの買いものは、ご褒美の日の出来事であった。駅デパが駅周辺ににぎわいをつくりだし、そこに人が集まることで監視の目が行き届き、治安も良くなる。そしてもちろん、鉄道も利用しやすくなる。日本の鉄道システムでは、こうした好循環ができあがっていると思う。

また最近では、ＪＲ九州の「ななつ星in九州」に触発されて、国内でも数多くのクルーズトレインがサービスを提供している。三泊で九〇万円近くの高額商品であっても、人気が高いという。

本来、交通は人を目的地まで運ぶためのツールである。目的地に着いて過ごすためなのだから、交通の時間や費用などはかからないに越したことはない。先ほどの時間価値の理論では、お金を払ってでも交通時間の短縮を求めるということなのである。昔、ある有識者から、「ドラえもんの〝どこでもドア〟は、究極の交通手段だ」と言われたことがあるが、理想はまさにそれであろう。

しかし最近では、その交通（移動）そのものを愉しもうというサービスが現れている。こうした価値観の転換を、私たちモビリティ政策に携わる者は、決して失念することのないようにしたい。

私が社会人になりたてのころ(九〇年代初頭)には、東京での通勤は「通勤地獄」そのものだった。こうした状況も、その後の四半世紀を経て改善しつつあるが、通勤列車が快適かと言えば、そうだと答える人はまずいないだろう。やはり通勤の移動時間というは、多くの人にとってできるだけ減らしたい、無駄なものであるに違いない。

通勤以外の移動はどうか？ 何の景色も見られない地下鉄車内では、誰もがスマホ片手に個の世界に入り込む。地上を走る列車内とて、見慣れた人の風景になっている。もう少しでい い、「交通を愉しむ」ことはできないものか。移動空間のデザイン次第で、通勤はもっと愉しくなるはずである。

国内の大都市(首都圏、京阪神圏、中京圏等)では一〇年に一度、住民の移動に関するパーソントリップ調査が実施されている。私たちモビリティ政策に携わる者たちにとっては、交通界の国勢調査のようなものである。どんな人がいつ、どんな目的で、どんな交通手段で移動をしているのかを定期的に調査している。

この調査によれば、首都圏では平均通勤時間は一・五時間、つまり往復で三時間である。京阪神圏でも一時間、往復で二時間。仕事をしている方の多くは、終日オフィスにいるわけではなく、クライアントとの打合せで外出することもあるだろう。このような外出での移動時間は、概ね片道三〇分、往復一時間。すると、一日のうち実に四時間が移動時間なのである。一日二四時間、睡眠時間の八時間を差し引いた活動時間は一六時間。この四分の一が移動時間なのである。活動時間のうちの四分の一が愉しい時間になるのであれば、人生はもっと豊かになるはずだ。

交通機関の利用は、人や物品を運ぶため、また仕事のため、何か目的を達成するためにすることでしかなく、なければないい方がよいというのが、現状の交通であるのかもしれない。だがこれからは、人生という時間の決して少なくはない部分を占める交通に、もう少し光をあてたい。人びとの暮らしを豊かにする交通のあり方を考えたいものである。

2.2——交通システムと幸福社会

●「幸福」とは何か？

社会人になってまだ間もないころ、ある著名な大学教授から言われたことだが、その言葉については、三〇年近く経った今も鮮明に覚えている。

「この世のすべての学問は、人間の幸福を追求するためにある。人間とは何か？ その人間を幸福にするために何をすればよいのか。哲学、医学、工学、農学、経済学も、みんな人間の幸福を最終目的とする研究をしている」

社会に出たばかりで、仕事を覚えることに必死だった私にとって、この言葉はかなり衝撃的なものだった。いつか自分も幸福とまちづくりについて考えてみたい、そんな思いを抱いた。

国内外で「幸福」について真剣に政策論争されるようになってきたのは、二〇一〇年ごろからのこと。私たちも縁があって「幸福論と都市計画」というテーマで国土交通省の研究助成（平成二五年度国土政策研究助成）を頂くことができた。その研究成果について紹介しよう。

❖〝well-being〟

あるとき「私も社内で幸福研究をしたい」と言った。すると仲間からは「怪しい、宗教染みていて研究所のテーマに向かない」などと手厳しい意見が返ってきた。しかし、よくよく調べてみると「幸福論」とは、先の某教授がおっしゃったとおり、長く深い歴史に培われてきた、純粋な学問であることがわかったのである。

幸福研究の起源は、紀元前五～四世紀のギリシャ哲学最盛期に遡るという。以来、人間にとって永遠のテーマであり続けている。かのアリストテレスは幸福を人生の最終目的とし、一時的な快楽や幸せな気分だけでなく、人間特有の理性を働かせ、自分の能力をフルに活かした人生を送ること、すなわち自分自身がこの世においてよき存在であること〝well-being〟と定義したという。そのため私たちは、一般的には幸福を〝happy〟と訳すが、論文などで記載する時は〝well-being〟と表記する。また最新の幸福論の解釈では「幸福は求めるものではなく、善き生活の結果として得られるもの」としており、これなども先のアリストテレスの定義を踏襲するものであると思われる。

❖幸福のパラドックス

現代社会の学術界では、幸福は主に心理学と経済学の分野で議論されるテーマであって、決して怪しいものではない。工学や都市計画学の分野でも、この議論を深めることが必要ではないかと、私は長いあいだ思い続けてきた。

経済学では、所得が幸福を測る代理指標として適切だと考えられてきたらしい。すなわち、こうした理論に従えば「金持ちほど幸福」ということになる。一方、心理学の分野では自己申告による主観的幸福(幸福、生活の満足度等に対する個人の評価)の方が、優れた指標であると考えられている。その代表例で興味深いのが「幸福のパラドックス」である。この概念は一九九五年、経済学者リチャード・イースタリン(Easterlin)により論文発表されている。

一九四六年から一九九一年のあいだで、米国民の一人当たり実質所得は二・五倍となった。だが、平均的な幸福度に変化はなかったという。この報告からも明らかなように、年収三万ドルを超えると人びとの幸福感とお金は、正の相関ではなくなっている。そのため近年、幸福の定義は心理学を中心に具体的に行われており、たとえばある幸福学者(Nettle)は幸福の概念を「喜びと悲しみの瞬間的な感情、生活全般に関する満足度、自分の可能性を伸ばし素質を十分に発揮することで得られる善き生活」(要約)と定義している。これは、先のアリストテレスの論を踏まえたものであり、最終的には自分自身が高い意識をもつ、良き存在に成長していることの重要性を示していると言える。

また心理学の分野の研究者(Ryan & Deci)は、幸福の決定要因を、自立(autonomy)、能力

(competence)、関連性(relatedness)と定義する。すなわち、誰からも支配されていない(自立)、自分の能力を最大限に活かせる人生を過ごしている(能力)、他人とも良好な人間関係を築いている(関連性)ということになり、このような暮らしができていれば「理性的な幸福(先述の善き生活の結果としての幸福)」が充足されるとしている。

最近とみに社会問題となっている「過労」や「いじめ」が、いかに人を不幸にする悪の根源であるかが改めてわかる。

❖なぜ今、幸福論なのか

幸福論は古くからのアカデミアンのテーマであった。ではなぜ、今になって政策面で論争されるようになっているのか。

一九八〇年代、ブータン王国が国民総幸福量(Gross National Happiness=GNH)という指標で政策を評価するとともに、幸福憲章なるものを掲げ、国民が幸福に暮らせることを至上の命題としたことが広く知られるようになった。その後、二〇〇〇年代に入ってから、フランスの当時の大統領サルコジ氏が、フランスにおける幸福指標の適用可能性をノーベル賞受賞の経済学者であるアマルティア・センら著名な経済学者に諮問したことで、一気に政治の場で議論されるようになったのである。

こうした背景には、先に述べた「幸福のパラドックス」（収入と幸福感は一致しない）を各国が認識しはじめ、また各国とも経済成長に翳りが現れつつあるという状況があった。経済成長を至上命題とする資本主義に対する限界が見えてきたとも言えるだろう。各国政府は新たな政策指標として、幸福論に着目し始めているものと私は理解している。

❖日本の取組み

日本においても、民主党政権下で幸福指標の導入可能性を内閣府が検討していたことがある。その後、自民党政権下に戻ってからは、政府レベルで「幸福」を冠とした政策論争はなくなった。とはいえ、住民に近い自治体レベルや経済界では、引き続き幸福論に熱い注目が注がれている。たとえば、自治体の取組みであれば、二〇一三（平成二五）年、荒川区を中心に全国の五二の自治体首長が中心となり「幸せリーグ」を結成し、住民の幸せを至上命題に自治行政に取り組むようになっている。また最近、企業では幸福を語った各種サービスや商品の提供が盛んに行われている。ただ、「何故、これが幸福なのか？」と首を傾げたくなるものも多々ある。だが、それだけ人びとが幸福を求めているということなのであろう。

このような、国民に実感をもたらす経済成長以外の新しい指標の取組みは、都市計画分野においても二〇〇〇年代初頭から積極的に論争されてきた。ＱＯＬ（Quality of Life）という指標もあるが、いずれにせよ二〇〇〇年代に入ってからは、都市政策の分野でも、都市の経済性評価だけでは都市の良好性を評価できず、市民の肌感覚に合ったわかりやすい指標で、都市や政策を評価するというトレンドに移行している。

●都市政策からの幸福観

では「幸福」とは、いったいどんなものなのか。読者の皆さんは、どんなときに「幸福」を感じるだろうか。

最近では、社会心理実験や統計解析技術の進歩によって、幸福に関するさまざまな実証研究や幸福を明瞭かつわかりやすく捉える試みがなされている。経済学と心理学の分野での幸福論議では、対象となる事象の設定によってさまざまな幸福感の実態解明も進んでいる。たとえば、結婚・離婚、失業、宝くじが当たったときなど、さまざまな社会のなかで幸福論を実体化しようとした多くの研究実績がある。

しかし本書では、私の専門分野である国土政策や都市政策の視点に立った幸福の特性を紹介したい。既往の研究に基づき、幸福について整理すると概ね以下の特性が挙げられる。（）内に論文著者名等を記す。

❶———経済状態が、幸福感に一定の影響を及ぼすことは明らかだが、先に上げた「幸福のパラドックス」が示すように、その代理変数は所得だけではない。国際比較でも年収が約三万ドルを超えると、主観的な幸福度と所得の関係はなくなることを明示している。

❷———幸福は、他者との相対比較によってバイアスが生じる可能性が高い。例として、ある経済学者らは、個人は自身の収入と隣人の収入を比較することで、(隣人の収入が自身より多ければ)主観的満足度が低下することを示した(Lalive16 & Luttmer)。また、人はこのような比較参照を自分の位置・地位より上に置く傾向があることも示した。

❸———幸福感は、政治レジーム(体制)と密接な関係がある。民主主義は明らかに幸福度を高める(Dorn et al.)。

❹———幸福感は、個人の自立性と自己決定機能が確保されているときに高まる(Ryan & Deci)。すなわち、個人の尊厳の確保が重要であることを意味している。

❺———人びとは物事の結果だけでなく、その結果に至るプロセスをも重視する傾向がある。そのためプロセスを重要視することで、人びとの幸福感を高めることができる(Deci & Ryan)。この理論は、先の自立性と自己決定とも関連する。

❻———市民の生活満足度が高い地域では、ボランティア活動が盛んとなる。逆に地域コミュニティが崩壊する地域では、ボランティア活動は低減する(Meier & Stutzer)。この点

については、さらに踏み込んだ定義があり、理想的なコミュニティ社会は「必要なときにお互いが助け合い、政治的な関心も高く、地元意識の強いコミュニティである」としている(大石ら)。

❼――幸福感と時間軸についても興味深い研究が示されている。ある研究によれば、幸福感の高い人はさまざまな目標に一貫性があることを示している(Emmos)。また、これらの目標は自己実現のために設定することで、幸福感が高まるとしている(Sheldon et al.)。

❖幸福は定量化できるのか

「幸福」といわれても、抽象的であってなかなか実感できるものではない。あなたと私はどちらが幸福か、という議論もナンセンスである。しかし幸福を研究するアカデミアンたちは、ある社会事情の影響や政策の効果を把握するために幸福の解明を行っている。

最近では、幸福の測定方法や定量化に関する研究も進められている。これは意外にも簡単な方法で、アンケート調査などによって「主観的幸福(subject well-being)」を直接計測する方法である。多くの研究者がさまざまなアプローチで分析をしたようだが、概して自分が幸福だと思っている人は、他人から見ても幸福に見えるとの結果を得ている。そしてこの結果は、それなりに安定しているという(Ehrhardt et al.)。さらに別の研究では、自己申告による主観的幸福度の妥当性を検証している（Lepper）。自己申告と家族や友人など周りの人から見たその人物の幸福感を相互比較した結果、両者の一貫性が保たれていることも確認しているという。

❖交通と幸福の関係

さて、私たち都市計画やモビリティ政策に関わる者たちにとっての最大の関心事は、自分たちが取り組んでいるまちづくりやモビリティ政策が、人びとを幸福にしているのだろうかということである。

ここに大変に興味深いデータがある。わが国の内閣府（旧経済企画庁）が、一九七二（昭和四七）年から二〇一一（平成二三）年まで三年に一度実施してきた「国民生活選好度調査」である。この調査では、政府が国民の生活満足度を測るとともに、問題・課題を抱えている政策分野（六〇分野：医療福祉や余暇、生活環境、安全等の多分野を対象としている）を把握するため、アンケート調査を実施していた。一九七二年という高度経済成長期の終盤から現在に至るまでの国民生活満足度がわかることから、大変興味深いものである。

一九八一（昭和五六）年以降、国民の生活満足度は徐々に低減している。しかしGDP（国民総生産）は上昇傾向にあり、まさに幸福のパラドックスが、わが国においても一九八一年以降に発生しているのである。

そして交通政策に関わる事項として「通勤通学が快適にできる」と「子供や老人がクルマに脅かされず安心して歩ける」という項目が準備されている。この数字の推移から、一九七八（昭和五三）年時点での「通勤通学が快適でない」との回答は二〇〇八（平成二〇）年には減少している。また「クルマと歩行者の混在」に関して問題視する割合も、一九七八年の時点に対し、二〇〇八年では大幅に低下している。このように交通問題は、三〇年間で劇的な改善がもたらされていることがわかる。では、このような改善が国民の暮らしの満足度に本当に反映しているのだろうか。

❖生活満足度とその指標

私たちは統計学の手法を用いて信頼できるかたちで、交通に関する生活環境の改善が、国民の生活満足度にどのような影響を及ぼしているのかを検証した。一九七八年、一九九三年、二〇〇八年の三時点を対象に、国民生活満足度に影響する六〇指標のなかで、統計的視点から生活満足度の向上に影響力があると考えられるものを［表2-1］に示す。その結果、ストレスや貯蓄、老後の暮らし方、家族関係等の項目は、時代にかかわらず生活満足度に影響を及ぼしていることがわかる。これは感覚的にも頷ける結果であろう。

同じように、生活満足度に及ぼす影響が高いのが、持ち家、通勤通学の快適性、自動車に脅

	1978(昭53)年	1993(平5)年	2008(平20)年
イライラやストレス等精神的緊張が少ない	○○	○○	○○
病気予防や健康相談等が受けられる		○	○
技術・資格が得られる学校が近くにある		○	
生涯を通じて趣味や教養が高まる	○	○○	○○
文化遺産・史跡が大事にされている		○	
転職が容易にできる	○○		
やりがいのある、適した仕事がある	○○		
職業紹介・訓練施設が充実している			○○
職場環境が快適	○○		
労使問題が円滑に解決できる	○		
年収が確実に増える	○		
目標を満たす貯蓄ができる	○○	○	○○
老後に十分な年金が得られる	○○	○	○○
食品の品質や量が明記されている		○	
商品の不満を受け付ける場所がある	○○		
各自の部屋がもてる家を建てられる	○○		
持とうとすれば家が持てる	○		○○
通勤通学が快適にできる	○○	○	
大気汚染、騒音等の公害がない			○
危険工場や施設の管理が十分である	○		
子供や老人が自動車を気にせず歩ける	○○		
個人の生活の秘密の確保		○○	
税金法律問題で相談できる所がある	○○	○	○○
親子の対話や信頼が十分にある	○○	○○	○○

［**表2-1**］国民生活満足度に寄与する生活要因 ── 国民生活選好度調査データを用いて筆者が分析。注：○は生活満足度に寄与することが統計的に証明された項目
○＝影響力あり　○○＝非常に影響力あり

かされずに歩ける環境といった、私たち都市政策に関わる者が見のがしてはならない指標である。こうした項目は、一九七八年にはけっこうな影響を国民生活に及ぼしていた。しかし、一九九三年以降は影響力が弱くなっている。これは道路や鉄道の整備状況や混雑状況が、このころから改善されてきたという政策効果とも関係していると考えられる。

たとえば、首都圏の東海道線の混雑率の推移を見ると、一九七八年がもっとも高く三〇〇％を超えている。その後は線路増設により混雑率が大幅に改善された。また全国の道路整備率を見ても、一九七五年以降は着実に道路の距離が延長しており、全国津々浦々で道路整備がなされていることがわかる。毎日の生活を支える交通の改善は、国民の生活満足度の向上、すなわち幸福の向上につながっているという結論である。

●幸福とまちづくりの関係

都市政策に関わる者としては、まちづくりが住民の幸福感にどれだけ影響を及ぼすものなのか、大変に興味深い。

内閣府による国民生活選好度調査は、幸福研究に有効なデータを提供してくれる。しかしこのデータは、生活満足度の影響を計測する六〇指標のなかで、都市政策に関する事項が少なすぎる。持ち家、通勤通学の快適性、自動車に脅かされずに歩ける歩行者環境のほかは、ゴミ・

下水処理の整備、災害対策、自然環境保全しかないのである。国のマクロ政策のための調査なのだから、都市政策関連以外の医療・保険、教育・文化、収入と生活費、仕事とストレス等の幅広い政策分野を六〇項目のなかでカバーしなければならない。そのため、都市政策に関わる分野が限定されるというのだろうか。

そこで、私たちは、幸福とまちづくりの関係を知るために、独自の国民アンケート調査を実施することとした。アンケートでは、国民生活選好度調査の内容を踏まえつつ、都市や環境に関する事項に充実した質問を加えている。最終的なアウトプットも生活満足度ではなく、「幸福感」そのものの計測とした。ただし、国が行う国民生活選好度調査のような大規模調査は私たちには実施できない。そこで地域を限定した。具体的には、大都市圏、中枢都市圏、地方都市の分類からそれぞれの調査対象都市を選定することとした。国民選好度の調査結果から、生活満足度の高い地域は、東京二三区と富山市、平均的な地域として仙台市と長野市、生活満足度の低い地域では、高知市を選んでいる。これらの地域の六〇〇名を対象として、アンケート調査を行った。

❖将来に夢をいだける「幸福感」

この調査結果から、最初に学んだことは「幸福」と「生活満足」の関係である。読者の皆さんは、「幸福」と「生活満足」は同じものだと考えるだろうか。私たちの研究では、この二つは別のものであるという結論に達した。

アンケートは、モニターに対して「現在の生活満足度」を五段階で答えてもらうというものだった。そのほかに「ここ数年の生活水準が良くなってきていると思うか否か」を、同じく五段階で評価してもらった。さらに、「将来は今より生活が良くなると思うか否か」についても五段階で評価してもらった。これらの結果と幸福感の関係を分析すると、興味深い結果が得られたのである。

幸福感は、現在の生活満足度と高い相関関係がある。これは既往の研究からもよく言われることである。しかし幸福感は「ここ数年の生活水準が良くなった」と思う人より、「これからの生活水準が良くなる」と思う人の方が高い傾向にある。この結果から「幸福はいま現在の生活満足のほかに、将来への夢」と強い関係があると考えられる。すなわち、現在、満足度の高い暮らしをしていても、将来に対する不安が強いのであれば、その人は幸福ではないと考えられる。

これをまちづくりにあてはめるなら、将来に不安を感じさせる都市は、現在どれだけ経済性が高く煌びやかであったとしても、幸福な都市とは言えないのである。

縁あってこの結果を、わが国の幸福研究の第一人者である大阪大学の山内直人教授の前で報告することができた。そのとき教授がおっしゃった言葉が、さらにこの結果に確証を持たせてくれた。

「まったくその通りである。たとえば、受験生のことを考えてみてほしい。彼らはなぜ、あのような苦しい受験時代を乗り越えることができるのか。それは夢があるからでしょう。大学に合格したなら、自分の夢への一歩が拓かれるかもしれない。そんな夢があるからこそ、受験生は苦しい受験時代を乗り越えることができるのだ」

❖借金と都市生活の幸福感の狭間で

幸福感と収入には一定の関係があるものの、三万ドルを境に両者の関係がなくなることは先述のとおりである。しかし、お金と幸福の関係はそれだけだろうか。世のサラリーマンはそのほとんどの方が、住宅ローンや教育ローンのために日夜精を出して働いているのだと思う。知人からよくこんな話を聞くことがある。「もう住宅ローンも払い終わったし、子供も大学を卒業したから、もう俺のお務めは終わったよ」

じつは現代社会においては、収入以上に支出、すなわちローンなどが人びとの重荷になっているのではないだろうか。そこで「借金」との関係から幸福感の分析を行ってみた。その結果、世帯収入や貯蓄の大小より「借金」の大小の方が、幸福感に圧倒的に大きな影響を及ぼしていることがわかったのである。

私は名古屋に持家があるため、東京では借家住まいである。東京の家賃の高さを痛感する。東京で家を買うことが、サラリーマンにとってどれほど重荷となることか。またそれが、東京のサラリーマンの幸福感を削ぎ落しているのではないかと心配になる。ただし、東京暮らしが単に悪いともいえない。都会的な暮らしは生活者に刺激を与え、幸福感を高めることも事実だからである。人びとは高い住宅購入費と都市ならではの刺激と利便性のトレードオフの中で、自身の幸福感をコントロールしているのかもしれない。

●将来インフラへの夢と期待

いよいよ私が行った研究の本題に迫ろう。ずばり、「都市政策は人びとを幸福にできるのか」である。

このアンケート調査では、国民生活選好度調査のように生活満足度と六〇の個別政策指標に対する満足度を聞く。ほかに独自に設定した都市・国土政策に関する四〇の個別指標を追加している。たとえば災害対策、住宅環境、地域・まちの環境、日常の通勤・通学環境、子育て施設の充実度、医療・福祉施設の充実度、娯楽・レジャー施設の充実度、そして行政・首長に対する信任等、多くの指標を加えた。そして最後に、幸福感についても回答をしてもらっている。

これらの各政策指標に対する満足度、現在の生活満足度、そして幸福感との関係を共分散構造モデルという統計的な手法で分析した［図2-1］。

この図は幸福を形成する構成要素の相互の関係を示したものである。丸で囲まれた「現在の生活満足度」、「将来の期待・安心」は、幸福度に影響を及ぼす構成要素を表している。そして四角で囲まれたものは、今回のアンケートで質問した六〇の政策指標と四〇の都市政策指標のうち、幸福に関係があると統計的に判断された指標である。また矢印は、各構成要素がどの構成要素に影響を及ぼしているか、影響の方向を示している。そして矢印の横の数字は、その影響度の大きさを示している。数字が大きいほど影響度が高く、数字がマイナスであれば逆の影響を及ぼすことを示している。たとえば「借金」の項目を見ると、マイナスとなっているので借金が大きいほど「将来の期待・安心」が低下するということを意味している。

以上の視点でこの結果を見ると、都市政策と幸福には次のような関係があることがわかる。

幸福感は、「現在の生活満足度」と「将来への期待と安心」によって構成されている。このなかで借金が増えることは、将来への期待・安心が減少し、幸福感も低下することを示している。一方で「将来生活水準の見通し」が明るい人（今よりもっといい暮らしができるはずと考えている人）は、将来の期待と安心も高まり、幸福感が増加している。

「現在の生活満足度」は、医療・年金や雇用、防犯等の一般政策のほか「良好なまちづくり」

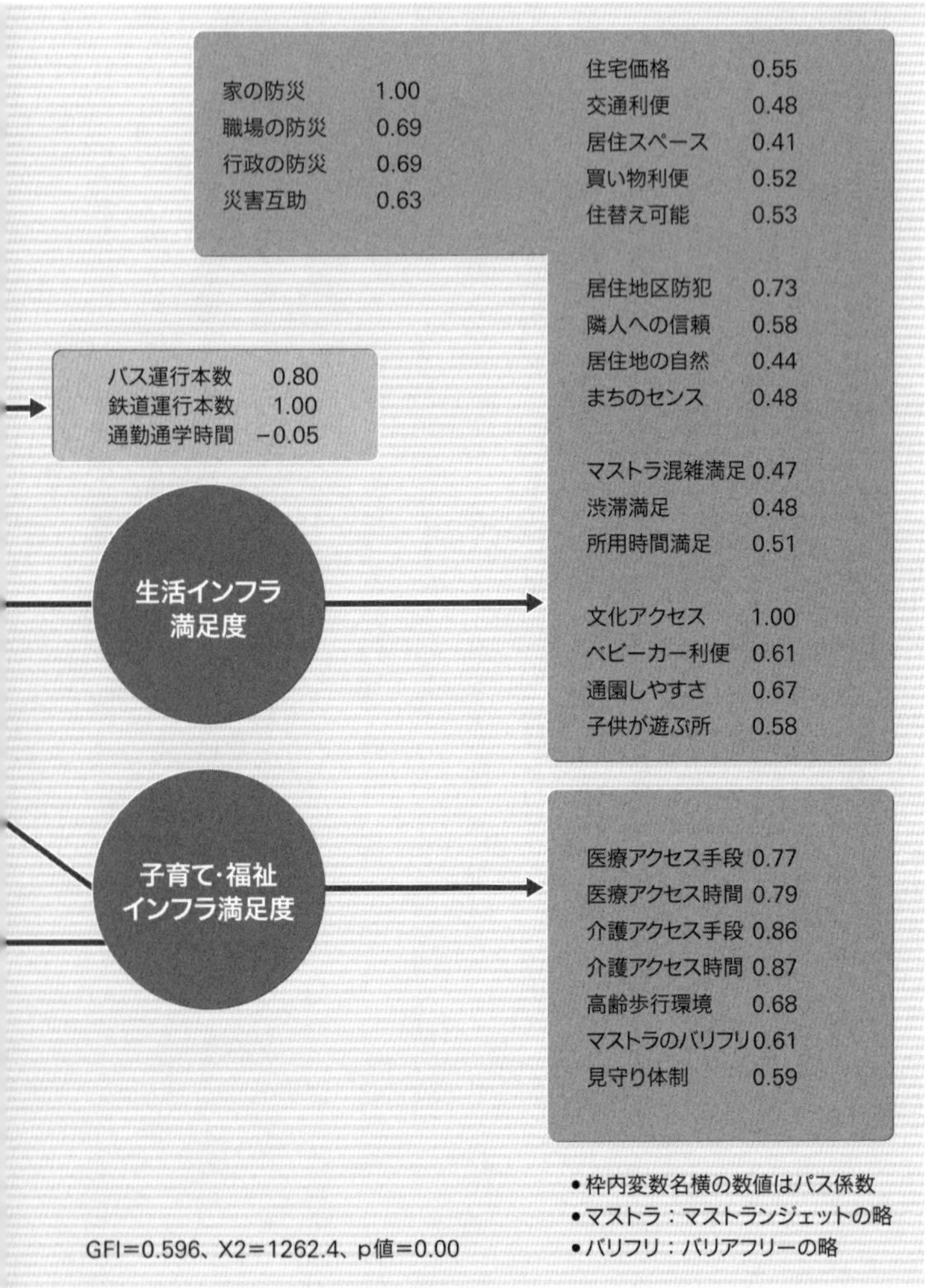
家の防災 1.00
職場の防災 0.69
行政の防災 0.69
災害互助 0.63
住宅価格 0.55
交通利便 0.48
居住スペース 0.41
買い物利便 0.52
住替え可能 0.53
居住地区防犯 0.73
隣人への信頼 0.58
居住地の自然 0.44
まちのセンス 0.48
バス運行本数 0.80
鉄道運行本数 1.00
通勤通学時間 −0.05
マストラ混雑満足 0.47
渋滞満足 0.48
所用時間満足 0.51
生活インフラ満足度
文化アクセス 1.00
ベビーカー利便 0.61
通園しやすさ 0.67
子供が遊ぶ所 0.58
子育て·福祉インフラ満足度
医療アクセス手段 0.77
医療アクセス時間 0.79
介護アクセス手段 0.86
介護アクセス時間 0.87
高齢歩行環境 0.68
マストラのバリフリ 0.61
見守り体制 0.59
GFI=0.596、X2=1262.4、p値=0.00
•枠内変数名横の数値はパス係数
•マストラ：マストランジェットの略
•バリフリ：バリアフリーの略

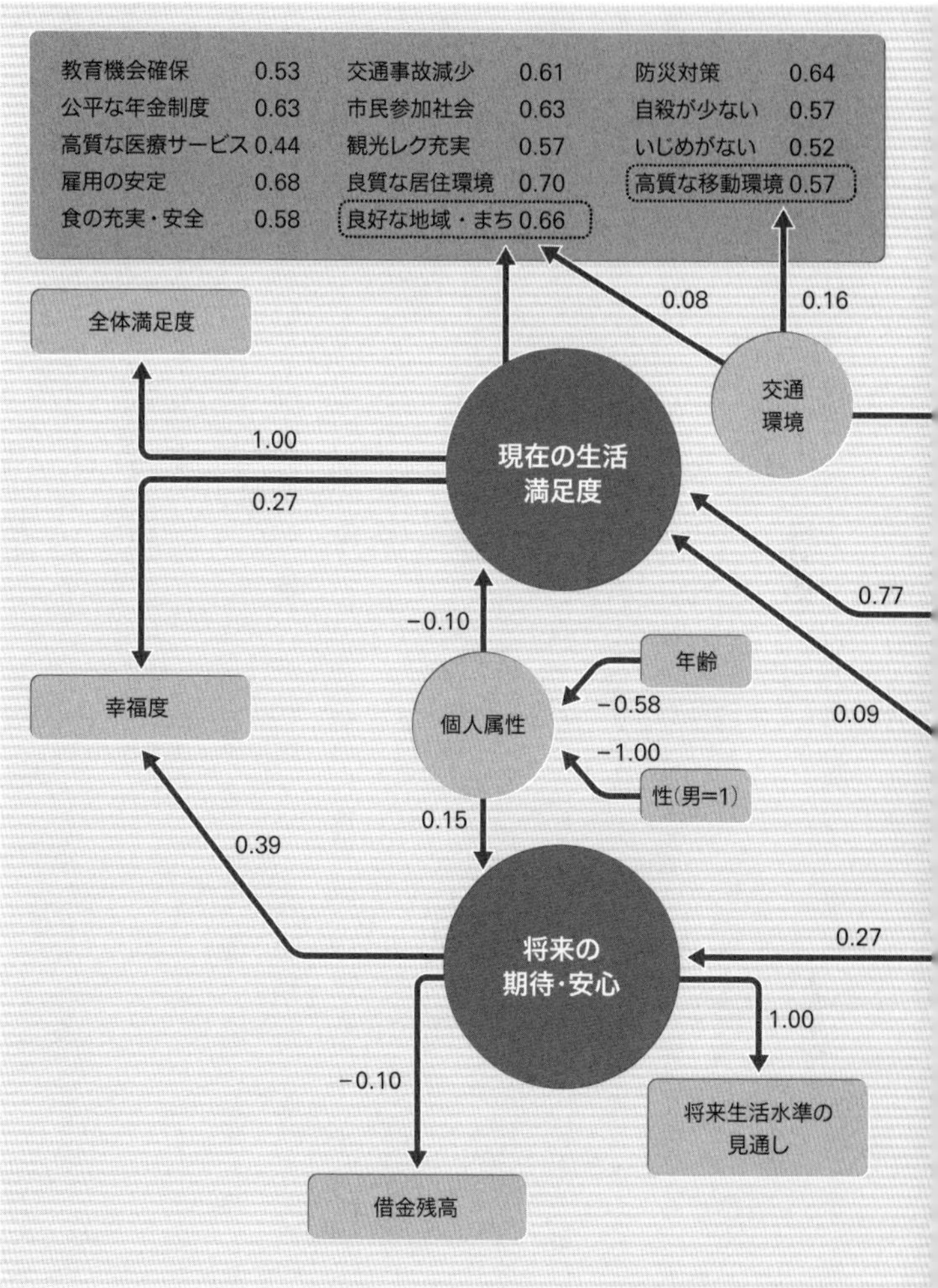

［**図2-1**］幸福と都市政策分野の関連性に関する共分散構造分析結果

や「高質な移動空間」といった都市政策によって形成されることが示された。交通環境が良い地域（鉄道・バスの運行が良好で通勤通学に不自由がない地域）であることが、「良好な地域・まち」の重要な形成要素であることも示されている。

さらに「現在の生活満足度」を高めるには、生活インフラの充足度を高めることが重要であることが示された。適正な住宅が適正な価格で購入できること、他の住宅への住み替えも可能であること（借金が多いとそのようなことは難しいかもしれない）、また防犯・防災面でも問題のない環境であり、交通アクセスも便利、さらに文化施設や自然環境へのアクセスも十分であることが、生活インフラの充足度の高い環境であり、このような地域に住むことが生活満足度を高めることが示された。

さらに注目したのが、「子育て・福祉インフラの満足度」が高いことが「現在の生活満足度」を高めるとともに「将来の期待・安心」も高めることが示された点である。まさに都市政策における「将来の夢が持てる」は、子供たちを育てる環境の充実と老後の暮らしが保証された環境を意味するのではないだろうか。「子育て・福祉インフラの満足度」の構成要素を見ても、子供の通学路やベビーカーの利便性、子供を遊ばせる環境がある、医療・介護施設へのアクセスも十分であることからもわかる。

また興味深いことに「子育て・福祉インフラの満足度」は、「現在の生活満足度」より「将来の期待・安心」に三倍の影響力を持っている。このことから「子育て・福祉インフラの満足度」は、将来インフラを意味しているのである。

最後に「個人属性」に注目すると、もう一つ面白い傾向がわかる。「年齢」から「個人属性」への矢印がマイナス、「個人属性」から「現在の生活満足度」への矢印もマイナスなので、マイナス×マイナスでプラスの影響と見ることができる。すなわち年齢が高くなるほど「現在の生活満足度」は満たされていることになる。だが「将来の期待・安心」への矢印はプラスなので、マイナス×プラスでマイナスとなり、年齢が高くなるほど「将来への期待・安心」は低くなるという傾向が示されている。平たく言えば、高齢者は将来には夢は抱かず、今を満足して生きているが、老い先への不安は強くなっていると言える。

以上のように、私たちが行ってきた都市政策は、都市の経済活動の効率性を支援するだけでなく、都市市民の暮らしやすい環境整備、ひいては市民の幸福のために実施されていることをご理解いただけたと思う。また、交通アクセスの改善等、モビリティ政策は市民の幸福に貢献するものであるということを肝に銘じなければならない。

単に採算性が悪いからということで、鉄道の赤字路線のしっぽ切りをするのでなく、できる限り沿線市民の幸福のために維持方策を考えるべきだろう。またこれからの都市政策は、今までのように交通や住宅政策だけでなく、防犯や子育て、介護サービスの充実にも取り組むことが、幸福なまちづくりの視点で極めて重要であると言える。

従来の交通政策は、早い、安い、混んでいないといった粗っぽいマクロ的な視点での政策評価が多かった。しかし交通は、人びとの暮らしそのものなのである。モビリティは単なる移動ではなく、ライフスタイルだと見るべきなのかもしれない。先の幸福の視点も踏まえ、次章では、モビリティを生活者目線から議論してみたい。

第3章

モビリティの新しい潮流

3.1——第4のモビリティ革命CASEとMaaS

●蒸気機関から始まったモビリティ革命

❖蒸気機関車、自動車の登場

人びとの移動に関する価値観は、大きく変わりつつある。これに呼応するように、モビリティに関するテクノロジーも大きな変革のときを迎えている。

現代のモビリティは、一八世紀後半の産業革命の賜物である蒸気機関の発明と、その小型化に起源を有すると考えられている。それが、軍事目的で開発された蒸気自動車となり、また公共交通機関としては一八二五年のジョージ・スティーブンソンによる蒸気機関車の開発へと発展した。これを第1のモビリティとしよう。

そして次の大きな変革点(第2のモビリティ革命)と言えるのは、一九〇八年の「フォードT型」の開発だろう。フォードT型は、一九〇九年に一万台が生産されたが、一九一九年では七万台、一九二三年にはなんと二〇〇万台と、わずか四半世紀の間で二〇〇倍の生産と普及を成し遂げたのである。一八世紀後半の出来事がモビリティ変革のための「技術発明」であるなら、フォードT型は百年近い年月をかけて成しえた、当時の「先端技術の大衆化」であると言えるのではないだろうか。

わが国においては、不幸な世界大戦を挟んだこともあり、自動車が普及し始めたのは戦後の一九六〇年代に入ってからである。しかし、戦後の経済成長や国内産業政策との連動、そして戦災復興と国土・都市の再整備の大きな流れのなかで、自動車は凄まじい勢いで普及していった。

❖ITSの発展

第3のモビリティ革命の到来は一九九〇年代。当時のITの急速な発展、そして冷戦終結による産業界へのGPS（Global Positioning System：全地球測位システム）の民間開放によってもたらされた。

第3のモビリティ革命は、ITSというかたちで、エンドユーザーの目に触れることとなった。今ではあたりまえの、ETCやカーナビが代表的なサービスである。これを支えたテクノロジーが、DSRC（Dedicated Short Range Communications：狭域通信システム）などの通信インフラの整備、自動車と情報センターをつなぐインターネット回線の発達、そして何よりもGPSの一般開放である。GPSの商用開放によって、自動車とドライバーは自分の位置を確認することができるようになった。目的地までの経路案内や周辺施設の検索等も可能となった。また、事故などが発生した場合も、救援車両が迅速に到達できるレスキューサービスも実現された。

こうした第3のモビリティ革命により、自動車での移動の快適性が飛躍的に向上したことは間違いない。普及以前には、私自身もそうであったが、東名川崎インターではうんざりするほどの渋滞に巻き込まれた。また旅行に出れば、地図を片手に道路標識を見ながら、おそるおそる運転していたものである。

ITSの恩恵は、自動車だけではない。GPSを活用することで、バスロケーションサービス（バスの接近情報がわかり、バス利用者のバス停での待ち時間を削減できるサービス）や、歩行者ナビゲーションも一般的なサービスとなった。ITSがもたらした第3のモビリティ革命は、明らかに「移動」という行為を快適で、そして正確なものに変えている。

❖都市空間と共に考察

第3のモビリティ革命から三〇年が過ぎ、まさにこれから第4のモビリティ革命が始まろうとしている。

第4のモビリティ革命は、さらなる近未来的な技術革新と政策イデオロギーの大変革のもとで、今までのモビリティ観念を大きく覆すものになるだろう。交通政策を専門とする研究者であるとともに、まちづくりに関わる実務者でもある私は、第4のモビリティ革命は移動の質や快適性だけでなく、その周辺技術領域である「都市」をも巻き込み、人類が今まで築き上げてきた都市空間とその価値観を大きく変えるものになるのではないかと期待している。

●第4のモビリティ革命は「CASE」から

第4のモビリティ革命は、複数のテクノロジーや経済政策観念の革命により実現されると言われる。そのキーワードは「CASE」である。

Connected：　つながる化
Autonomous：　自動運転
Sharing & Service：シェアリング（共同化）、サービス
Electric：　電動化

以上の頭文字をとって「CASE」。これらの各概要を以下に示そう。

❖つながる自動車

CASEのなかで、一般の読者がもっともイメージしにくいのが「コネクティッド」ではない

だろうか。これは先のITSとも関係しており、自動車がネットワークインフラにより、より深く、より広くつながっていく状況をイメージしていただければよい。ITSにおいても、ETCやカーナビでは自動車は道路の路側のインフラと個別の通信方式でつながっている。たとえば、ETCであれば、ETC車載器と高速道路の料金所がDSRCによって決済情報を双方向で確認し、決済取引を執行する。渋滞情報であれば、車載側の光ビーコンアンテナや電波ビーコン受信機、FM多重アンテナが、路側のアンテナからVICSセンターが配信する渋滞情報や規制情報を受信することで、VICS対応カーナビにそれらの情報を表示している。ただし、現段階のITSでは、自動車はあくまで、これらの個別サービス（自動料金収受や渋滞・規制情報）のために、個別の通信インフラ（DSRCやFM多重放送等）によって個別につながる状態となっている。

しかし、コネクティッドカーの概念では、自動車がインターネットにつながる、いわゆるIoT化することで、自動車に対してより多くのサービス情報を提供できるとともに、自動車側の状態の情報も、路外の第三者が確認することができるようになるのである。具体的なイメージとしては、［表3-1］に示すように、メンテナンスサービスやコンシェルジュサービスのほか、自動車保険の高度化・効率化や、自動車と家電をつなぐなどの新しいサービスの実現も可能になる。また、自動運転制御にもつながるため、路上の自動車車両同士の相互通信も行うことになっている。

❖理想は筋斗雲《きんとうん》、自動運転車への期待

一九九〇年代に、当時の有名な交通評論家であった故・岡《おか》並木《なみき》先生の講演を聴きに行った。先生は「最も理想の乗り物は孫悟空の筋斗雲である。移動に必要なときに現れて、目的地まで〝自動〟で乗せて行ってくれて、用が済めばどこかに行ってしまう。そして次に必要なときには、またどこからともなく現れる……」と話された。二〇年以上も昔の講演だったが、今でも鮮明に覚えている。

そう言われてみれば、孫悟空の筋斗雲だけでなく、幼いころに再放送で見た未来のヒーロー・アニメ「スーパージェッター」の乗りもの「流星号」も、自動運転であり、タイヤでの路上走行

運転手の感情・嗜好性に応じた提案
●たとえば、運転手の緊張、疲労度等に応じて、最適な音楽を提供したりエアコンを調整

家庭内機器等との連動（音声アシスタント）
●たとえば、車内からガレージのドアやライトを制御。家庭内から自動車のエンジンを始動［自動車との会話］

自動車保険
●たとえば、ドライバーの運転特性（事故多発地点の通過が多い、急ブレーキが多い等）に応じた保険料を設定

メンテナンスサービス
●たとえば、故障診断情報をもとにディーラーメンテナンスを提案&予約

エージェントサービス
●たとえば、おすすめのレストランや観光地等を提案し、自動でナビを設定

［**表3-1**］コネクティッドカーで実現される新しいサービス

と飛行の双方ができた。お題は、「二〇〇〇年の未来から時を超えてやってきた……」であったが、まさに二〇二〇年に自動運転の実用化という旗印を日米欧の各国政府が掲げていることを、原作者の久松文雄氏が見越していたのか、氏の先見性に感服する。

自動運転は、未来を象徴する。そして人類が待ち望んだ究極のモビリティであることは明白であり、それが実際の都市空間に導入されたときの衝撃は相当なものになると予想される。

現在、日本政府や米国運輸省道路交通安全局（NHTSA）では、米国の標準化団体であるSAE（Society of Automotive Engineers）インターナショナルの基準を採用し、自動運転の開発段階をレベル1〜5までとしている[表3-2]。そして、現在販売されている自動車には、レベル2までの自動運転化技術が実装されている。だが、日本をはじめとする欧米の各国政府、そしてグローバルな自動車メーカーは、二〇二〇年までにレベル3の実用化を目標として、現在、国際的な競争を展開しているのである。

米国・ボストンコンサルティンググループによると、部分自動運転車は二〇二五年に一三九〇万台で市場全体の一二％となり、二〇三五年では完全自動運転車が一二〇〇万台となって市場全体の一〇％に迫ると予測している。自動運転の社会が、そこまで来ていると考えられているのである。

レベル	ドライバーの有無	概要	安全運転にかかわる監視、対応主体
レベル0 （運転自動化なし）	ドライバー必須	運転者が全ての運転操作を実施	運転者
レベル1 （運転支援）	ドライバー必須	システムが前後・左右のいずれかの車両制御に係る運転操作の一部を実施 （例：自動ブレーキ、車線逸脱防止機能等）	
レベル2 （部分運転自動化）	ドライバー必須	システムが前後・左右の両方の車両制御に係る運転操作の一部を実施 （例：高速道路で車線を維持しながら前の車について走る機能、自動駐車機能）	
レベル3 （条件付運転自動化）	ドライバー必須	高速道路等の限定条件下でシステムが全ての運転タスクを実施。システムからの要請に対する応答が必要。	システム（システムからの運転要請後は運転者）
レベル4 （高度運転自動化）	ドライバー必須	限定条件下ではシステムが全ての運転タスクを実施。システムからの要請等に対する応答が不要。	システム
レベル5 （完全運転自動化）	ドライバーがいないことを想定	無人運転。いかなる条件下でもシステムが全ての運転タスクを実施。システムからの要請等に対する応答が不要。	

自動運転車両とは、人間が運転操作を行わなくとも自動で走行できる自動車のことで、現在、世界各国のIT企業や自動車メーカーが開発を進めている。
日本政府は、自動化のレベルを上記のように5段階に定義している。

［**表3-2**］米国SAEが定める自動運転車の定義

❖カーシェアリング

最近、わが国においても、民間企業によるカーシェアリング・ビジネスが盛んである。公益財団法人交通エコロジー・モビリティ財団の報告によれば、二〇一九年三月時点で、わが国のカーシェアリング車両ステーション数は一万七二四五箇所（前年比一五・四％増）、車両台数でも三万四九八四台（同一九・八％増）、会員数で一六二万六六一八人（同二三・二％増）と、二〇一一年以降、会員数・車両台数とも急速に増加しており、カーシェアリングはいまや国民生活における新しいモビリティ像の地位を確立している。

カーシェアリングは、私の専門である都市の領域でも、明らかに効果的なものと言われている。読者の皆さんの中にも自動車を保有されている方は多いと思うが、実際に自動車の稼働状況を思い出していただきたい。私たちが行った調査では、一日におけるマイカーの稼働時間は、わずか一割程度、九割の時間において、自動車は駐車場に眠っているのである。そのため、都心部に膨大な駐車場空間を、場合によっては都市計画駐車場として、公費を投入して整備している。しかし、カーシェアリングによって自動車が眠っている九割の時間を、他者の移動に活用してもらうことができれば、都市に膨大な駐車スペースを確保する必要はなく、人間を中心とした快適な都市空間へと変えていける。

❖エコカーの導入

また、カーシェアリング事業者がエコカーを積極的に導入すれば、個別のカーユーザーに対するエコカー購入促進等の公的補助金（二〇一七年度は一二三億円が投入されている）も必要がなくなり、効率的に環境負荷の少ないモビリティ社会が実現できるようになるはずである。

さらに、エコカーは市民一人ひとりにとっても、経済効果が高いと考えられる。［図3-1］は私たちが行った簡単な経済効果モデルである。国土交通省のデータから、現在の車両の平均価格は二五三万円、平均車齢は八・四年、燃費は一九・九km/lである。一方で、カーシェアリングの平均的な価格は月会費一〇三〇円、利用料金は二〇〇円／一五分である。この条件のもとで簡単なシミュレーションを行ってみた。

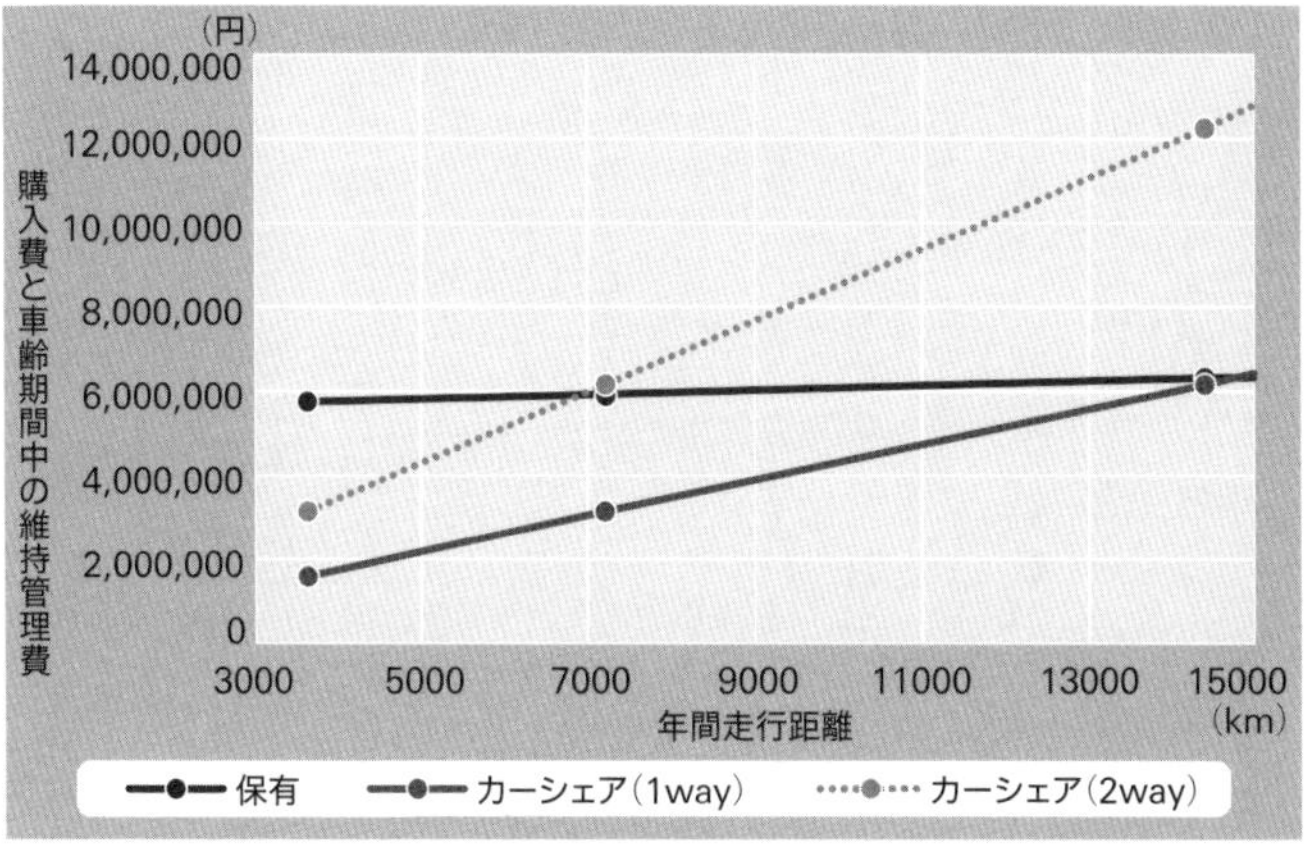

［**図3-1**］購入車両とカーシェアリング利用時の費用比較

❖ワンウェイ型へ

カーシェアリングには、ワンウェイ型という目的地で借りた車両を乗り捨てられるサービスと、ツーウェイ型という借りた場所に車両を戻す方式がある。日本では車庫法の関係でワンウェイ型が実施できなかったが、二〇一四年の改正により可能となった。だが未だに普及しないのは、「車両の再配車問題」にあると言える。たとえば、朝の通勤時に自宅から駅への移動が多くなれば、車両が駅周辺に偏在する。一方、その後の日中、郊外住宅地で車両を利用できるようにするため、駅周辺から車両を郊外住宅地に戻す再配置作業が必要となる。この点でも、自動運転の実用化により、ワンウェイ型カーシェアリングはさらに普及しやすくなるだろう。しかし、現在のツーウェイ型でも、年間走行距離が七〇〇〇km程度であれば、カーシェアリングの方が経済的な効果が大きいのである。一般社団法人日本自動車工業会のデータによれば、わが国のマイカーユーザーのうち七八%は、この年間走行距離のクラスに属している。日本の自動車ユーザーの約七八%が、今でもカーシェアリングに変更した方がお得ということになる。

今後、ワンウェイ型のカーシェアリングが市場に普及すれば、年間走行距離が一万五〇〇〇kmほどのカー・ヘビーユーザーでも、カーシェアリングの方がお得になると考えられる。ただし、誰でも自宅近くにカーシェアリングのポートがあるという楽観的な条件での試算であり、実際には、郊外の住宅地あたりにはカーシェアリングのポートは少ない。あったとしても、自宅からの歩行距離があることから、ユーザーは経済効果だけでカーシェアリングに利用転換するとは思えない。だが都心部や人口集積の高い地区では、すでにカーシェアリングへの転換が進んでいる。将来は、自動運転車がカーシェアリングとなり、ワンウェイ型であっても、自動でもとの駐車場所に戻るので利便性が飛躍的に高まる。

❖電動化

フランスが二〇四〇年までにガソリン車やディーゼル車の国内販売を禁止することを発表し、話題となった。間もなく英国もフランス同様に表明、中国も追随を検討していると報道された。フランスの発表は、地球温暖化対策の国際的な枠組みである「パリ協定」の目標達成に向けた本気度を示したものとも考えられるが、注目すべきは、さらにオランダ、ノルウェイ、ドイツといったEU諸国で広く議論されていることである。世界的な潮流となり得るものと、注視しなければならない。

国際エネルギー機関（IEA）の調査によれば、二〇一五年時点のフランスの電気自動車（以下、EVと称する）の市場シェアはわずか一・二％であり、日本でも〇・六％、ドイツ〇・七％、米国〇・七％と、まだまだ市場規模としては小さい。しかし、今回の政策発表により、調査会社ブルーバーム・ニューエナジー・ファイナンスの報告によれば、新車販売におけるEVの比率は、二〇二〇年で三％、二〇二五年で八％と徐々に高まり、またこれにより電池価格の低廉化も進み、EVの市場競争力は急激に高くなるものと予測されている。

EVに関する技術開発も加速している。私自身も二〇一二年ごろにEVの普及戦略に関する研究を行ったが、そのときのEVの航続距離は一六〇kmと、ガソリン車の四分一以下であったことから、この点が普及のネックとされていた。しかし、その後六年を経て、EVの航続距離は四〇〇kmに達するものも販売されている（二〇一八年現在）。今後もこの性能は高まることが期待できるし、また量産体制に入ることで、低廉化も期待できる。

❖電力供給体制

EVの普及を考えるうえで、きわめて深刻な課題もある。それは、EV社会における電力供給体制の構築である。

たとえば、航続距離二〇〇kmの一般的なEVでは、二〇kwhのバッテリーを搭載している。平均的な家庭の一世帯あたりの電力使用量は一か月で三〇〇kwh程度、一日だと一〇kwh程度となるので、EVの一回の充電で一日の平均使用電力の二倍以上の電力が消費されることとなる。また、一般的な家庭で充電できる三kwhで出力可能な二〇〇ボルトのコンセントで充電すると、七、八時間かかると言われている。こう考えると、消費者は走行中の電池切れをおそれ、こまめにフル充電を行うのではないか（毎日寝るときに充電するスマホのように）。その場合、電力の供給体制は本当に整うのだろうか。自動車側でなく、今度は都市側、電力供給体制側の課題解決が重要になる。

たんに発電量を増やすだけでなく、ＩＴでネットワークを最適化するスマートグリッド（次世代発電網）の構築を検討する必要がある。

❖燃料電池車

しかし、私は思う……すべてがＥＶ化という発想そのものに問題があるのかもしれない、と。現在、次世代自動車開発のもう一つの技術として、燃料電池車（以下、ＦＣＶ［Fuel Cell Vehicle］と称す）の開発も進められている。関係者によれば、ＦＣＶの方が、わが国の産業政策上も有効であり、また航続距離も確保できるという。

このように考えると、ＥＶ化だけでなく、ＦＣＶも含め、複合的なエコカー社会が構築されるのかもしれない。たしかに、ＥＶ充電は、基本的に個別の家庭で夜間に行われるが、ＦＣＶであれば水素スタンドが必要となり、これが現在のガソリンスタンドの代替ビジネスになるとも考えられ、現在の産業構造に負のインパクトを少なく、モビリティのエコ化が進められるはずである。

モビリティのイノベーション「CASE」の最後の「E」はElectricではなく、Eco（環境）なのかもしれない。

●モビリティ分野の創造的破壊MaaS

CASEと同様、最近よく耳にするのがMaaS（Mobility as a Service）という新しいモビリティサービスの形である。ここでは、MaaSをわかりやすく説明しよう。

今までは、電車やバス、飛行機など複数の交通手段を乗り継いで移動する際、そのつど移動ルートを検索し、予約や運賃の支払いを各事業者ごとに個別で行ってきた。一方で、スマートフォン等から検索―予約―支払を一度に行うなら、ユーザーの利便性が格段に高まるのではないか、さらには、この交通モードの中に、シェアリング・モビリティが加わると、自宅から駅、駅から目的地までといった、端末交通（ラストワンマイル）の移動も含まれ、利用者の利便性は向上するはずである。ICTやAI、さらには自動運転車やシェアリング・モビリティ等を、複合的に活用することで、移動者にとって、今までにない利便性の高い「交通サービス」が誕生する。今までは、必要最低限の「移動」機能を、速く、安く実現することのみを担うことが交通サービスであったが、これからは利用者第一主義で利用者の暮らしを豊かにし、究極は利用者を〝幸福〟にできる、民間ならではの高付加価値サービスをMaaSはめざすべきだろう。

❖カーシェアリングからライドシェアリングまで

CASEの中に位置付けられるカーシェアリングは、自動車そのものを不特定多数の人々が共有しあうサービスであったが、もう一つの忘れてはならない〝シェアリング〟がある。それは、かのUber（ウーバー）で有名になった〝ライドシェアリング〟である。

ライドシェアリングは、送迎をしても良いドライバーと、送迎してほしい乗客をスマホで瞬時にマッチングするサービスで、二〇〇九年にUberテクノロジーによって開発された、まさにモビリティ業界の創造的破壊（Disruption）をもたらしたサービスである。私も海外で利用するが、じつに快適である。スマホで呼び出せばすぐに車両が駆けつけるし、ドライバーも愛想がよい。なかには、ペットボトルの水をサービスしてくれるドライバーもいる。精算もカードから自動引き落としであるし、領収書もネット上で引き出せる。海外でタクシーに乗ると、車内が汚い、ドライバーが怖い、料金が不明なこともある。なかには領収書を請求すると断られたりすることもある。その点、ライドシェアリングは、ドライバーの質もネット上で評価されることから、ドライバーのプロ意識も高く、大変に快適である。

一方で、日本では、まだこのサービスが、中山間地等の過疎地域での運送事業を除き、導入がなされていない。これは、わが国の道路運送法上、ライドシェアは白タク（違法な輸送行為）とみなされるからである。事実、福岡市で、二〇一五年二月にドライバーの自家用車を配車する

「みんなのUber」の試験運行を行ったが、国土交通省から、いわゆる「白タク」に該当する可能性が高いと指導を受け、同年三月にはサービスを中止したという経緯はよく知られている。

思うに、日本のタクシーは海外に比べものにならないほど、ドライバーの質も高いし、車両も綺麗で、治安も良いので、ライドシェアそのものを無理に導入する必要はない気もする。あえて言うなら、今後モビリティ弱者が出現する地域を中心に、このようなサービスを導入するのが良いと思う。また、現在のタクシーをより利用しやすいものとするために、タクシーの相乗りサービス等、多様な旅客輸送形態が導入できる環境が構築できれば良いのではないかと思う。

❖フィンランド発MaaSとは?

MaaSという概念が世界的に普及したのは二〇一四年ごろと言われており、その発祥はフィンランドのヘルシンキとされている。ソンジャ・ヘイッキラーという当時のアールト大学修士課程の学生が書いた論文が、初めてのこの世にMaaSを提案するものだったとのことである。

また、そもそもこのような研究がなされた背景には、ヘルシンキもご多分に漏れず、既往の公共交通手段があるにも拘らず、より便利な自動車への依存が高まり、交通渋滞や駐車場不足などの都市問題が顕在化したことに端を発したようである。

ヘイッキラー氏の着眼の素晴らしさは、従来の交通事業者という〝交通サービス提供者〟だけでなく、新たに〝モビリティ・オペレーター〟といった上級概念を取り入れた点にあるとされている。すなわち、交通事業者とは、誤解を恐れずに言うなら、個別の交通機関を正確かつ安全に運行するサービス提供者である。それに対してモビリティ・オペレーターとは、移動者のモビリティ・ニーズに基づき、既往の交通事業者サービスを最適な形で組み合わせ、移動者に提供するサービスのことである。要するに、モビリティのコンシェルジュと言えるのかもしれない。

そして、利用者は、パッケージで料金を支払い、モビリティ・オペレーターは各事業者に必要費用を支払うというビジネスモデルである。

また、私が感心したのは、このようなモビリティ・オペレーターという新しい概念の主体を加えることで、利用者の移動形態が、起点から終点まで補足可能になり、真に価値の高いモビリティデータが取得できる環境を構築できる点である。すなわち従来は、交通事業者は自身の運行区間の利用実態しかわからなかった。たとえば、鉄道事業者であれば、自分の鉄道区間の乗降駅の利用実態はわかるが、その前後および移動者の自宅最寄りから、目的地最寄りまでのトータルの移動形態はわからない。しかし、ＭａａＳであれば、モビリティ・オペレーターはトータルの移動経路がわかることから、移動者の経路選択傾向や交通手段の選考嗜好がわかり、交通事業者の経営戦略にも効果的なデータになるのである。フィンランドのMaaSグローバルでは、このデータを交通事業者に無料で開放することで、交通サービスの改善に活用しているという。

❖MaaSのサービスレベル

MaaSは新しい概念であり、世界各国でいろいろなサービスが運用されているが、スウェーデンのチャルマース工科大学の研究者によるMaaSは、サービスの統合レベルに応じて五段階にレベル分けしている。

▼MaaSレベル0:統合なし

レベル0は「統合なし」で、それぞれの移動主体が独立したままサービスを提供する従来の形。

▼MaaSレベル1:情報の統合

レベル1は「情報の統合」で、利用者は料金や時間、距離など各移動主体に関するさまざまな情報が提供される。現在、私たちが利用している、乗り換え案内アプリは、このレベルのものと考えられる。

▼MaaSレベル2：予約、決済の統合

レベル2は「予約、決済の統合」で、ワンストップで発券や予約、支払いなどが可能になる。利用者はスマートフォンなどのアプリケーションで目的地までのさまざまな移動手段を一括比較し、複数の移動主体を組み合わせたまま予約や決済などができる。

▼MaaSレベル3：サービス提供の統合

レベル3は「サービス提供の統合」で、公共交通をはじめレンタカーなども連携したサービスや独自の料金体系（サブスクリプション型料金等）の統合までが成されたサービス。

▼MaaSレベル4：政策の統合

「政策の統合」も行われており、国や自治体、事業者が、都市計画や政策レベルで交通のあり方について協調している。

MaaSの関係者らによると、日本はレベル1だという。

❖MaaSが変える都市の価値

一方で、都市計画やまちづくりに関わる私たちは、MaaSがもたらす新しいモビリティ・ユーザー体験に関心を寄せる。

たとえば日常生活において、「移動そのものを目的として移動をする機会」は、あまりないのではないだろうか。もちろん、今日は気分転換でドライブをしようということは大いにあると思うが、大半は買いものであったり、観光であったり、通勤であったり、何か目的があるから移動をするのだと思う。そうであるなら、ＭａａＳにおいても、交通手段そのものを統合するだけでなく、その先にある〝移動目的をセットでパッケージ化〟する、いわゆる「ＭａａＳ＋（プラス）」の概念が重要になると思う。

私が興味を持ったのは、二〇一八年に米国の大手ライドシェアビジネスのＶｉａ社が、森ビルと行った実証実験「ヒルズビア（Hills Via）」の取組みである。Ｖｉａ社は、従来の公共交通の定番である定路線・バス停といった固定概念のない、利用者にとってもっとも効率的な移動ルートで従業員を運ぶモビリティサービスを展開している。今後、このようなモビリティサービスが都心のオフィス街で、デベロッパーやビルオーナー等の不動産事業者で展開されるなら、従来の不動産価値の概念も大きく変わるのではないかと考える。すなわち、従来、オフィスビルの価値は、駅からアクセスのしやすさで決まっていた。それは、不動産事業者が自身で定路線の公共交通を運行することは経営効率上の問題が多かったからである。

しかし、ＭａａＳ時代に、デマンド型、かつ需要マッチングに応じて相乗り輸送ができるなら、従来の公共交通よりかなり経営効率が高まり、不動産事業者も、自身のビルの価値を高める（駅からのアクセス問題をＭａａＳで改善できるため）ことが可能になるであろう。こうみ見ると、ＭａａＳがまるで街のヨコ移動エレベーターのように思えてくる。

また、海外では、住宅地においても、ＭａａＳを活用した斬新な不動産ビジネスがあるという。米国・サンフランシスコのParkmerced（パークマースト）という不動産会社では、Car-Free Livingプログラムというモビリティサービス一体型の賃貸住宅の供給を行っているという。月一〇〇ドル分のＩＣカードが提供され、Ｕｂｅｒや公共交通が利用できる、いわゆるＭａａＳ付き住宅とでも言えよう。従来、住宅の価値は、駅から遠くなるほど低くなる傾向があった。とくに近年、わが国では人口減少社会の進展により、空き家が増加する傾向にあり、とりわけ駅から遠い場所で深刻だと言われている。当然、絶対的人口が減少するわけだから、空き家の増加を阻止すること自体が難しいとは思うが、その中でＭａａＳを活用するなどによって、その地区の価値向上を図る努力を払うことは、無駄ではないのではないだろうか。

このように、ＭａａＳは、都心部や郊外部で、従来の不動産価値を変えるインパクトがあり、私たち都市政策に係る者も、「ＭａａＳ＋」の視点で、都市の価値を高めるサービス創出を考えるべきだといえよう。

3.2——自動運転社会の到来

◉繰り返される自動運転ブーム

❖革命は一九五〇年代から

先のCASEのなかで、現在、読者の皆さんにとって、もっとも神秘的ベールに包まれているのは「自動運転」ではないだろうか。私自身も自動運転こそが、CASEのうちで、もっともモビリティ革命のインパクトが大きいと考える。

一般的には、二一世紀になってついに自動運転社会が到来したと考えるだろう。しかし、自動運転のブームは過去にも何度か訪れているのである。日本の自動運転研究の大家である名城大学の津川定之名誉教授によれば、一九五〇年代から自動運転に関する研究が進められてきたというから驚きである。

一九五〇年代の自動運転技術の研究は、道路に誘導ケーブルを敷設し、そこに交流電流を流すことで生じる磁界に沿って自動車を動かすというものであった。実際に米国ではGM（General Motors）やオハイオ州立大学で、また日本でも機械技術研究所（現・産業技術総合研究所）で、六〇年代にこのような実験が行われていた。しかし、この方法では自動車が走るすべての道路に誘導ケーブルと交流電流を流す必要がある。そのインフラ投資が膨大となることから、中止となったようである。

その後、九〇年代になると本格的に実用化の研究が進む。誘導ケーブルによる方法は非現実的だという教訓を踏まえ、磁気マーカー（永久磁石列で構成されている）を道路に敷設する方法が採用された。また、ヨーロッパではコンピュータの「眼」を利用することで、障害物を検知し、挙動を制御する方法についても研究が進められていた。このころになると、前世代の研究と異なり、車両単体の運転制御を目的とするのではなく、複数車両が協調することが重要となる。すなわち、前方の車両が急ブレーキを踏んだときに、瞬時にその情報を取得し、自車を安全に制御する必要がある。今ではきわめてあたりまえの制御方法にも、このような研究プロセスがあったのである。

❖二〇〇五年の「愛・地球博」でも

わが国でも、九〇年代に発表されたAHS（Advanced Cruise-Assist Highway System：走行支援道路システム）は、ITSプロジェクトにおけるETC、VICSと並ぶ三本目の未来交通の柱として、産官学による研究開発が進められてきた。開通前の上信越自動車道（この道路は、一九九八年に長野冬季五輪の開催に合わせて整備されたが、AHS実験は五輪開催前に実施された）での、隊列走行実験や旧建設省土木研究所のサーキットでの試験走行等、国内でも幾つかの実証実験が行われていた。

当時、私は二〇〇五年の「愛・地球博」（通称：愛知万博）の輸送計画プロジェクトに携わっていた関係で、万博会場にAHSを入れるというプロジェクトにも参画し、当時のAHSの研究内容を懸命に勉強していた。その成果として、愛・地球博では、会場内の輸送システムとしてIMTS（Intelligent Multimode Transit System）が導入された。IMTSの運転席には、万博のマスコットキャラクターであるモリゾーとキッコロのぬいぐるみが座っていただけだが、バスが自動で三台の隊列走行を成し、同乗していた子供たちが驚く様子は鮮明に記憶に刻まれている。

しかし、AHSについても結局のところ実用化はされなかった。全国津々浦々に磁気マーカーや路側カメラ等のインフラを敷設する必要があることから、その非現実性が課題だった。そして何より、当時は画像解析技術が未熟であったため歩行者等の識別が困難なことが、研究開発中止の主な原因であったと言われている。

❖高まる現実性

一九九〇年代からITSプロジェクトに関与し、九〇年代の自動運転への期待と挫折を目の当たりにしてきた私が、現在のブームに当時以上の期待を寄せていることは言うまでもない。

九〇年代の自動運転技術は、車両位置を相対的に把握するものであった。すなわち、磁気マーカーに沿って進むなど、車両そのものに厳密な位置情報がなくても走行できた。しかし、現在の自動運転技術は、車両の位置を地図上で明確に対応付ける「絶対的な位置」を重視する技術開発である。したがって、GPSによる車両位置の捕捉だけでは、トンネル内やビル影では位置精度が確保できないため、レーザースキャナーによって周囲の景色を認識し、高精度な地図情報とマッチングすることで、自車の位置を特定する技術が導入されている。このスキャナーの小型化と商品化を、米国ベロダイン（Velodyne）社が二〇〇七年から開始しており、これが現在の自動運転開発に大きく貢献していると考えられている。

また、人工知能の世界におけるディープラーニング（深層学習）の発展も大変に重要である。今までは、人や物などの障害物を検知することはできたが、それが何であるのかを明確に識別することができなかった。ところが人工知能の発達によりそれが可能となり、自動運転の実現性がいっそう高まったと言える。

●今なぜ、自動運転が必要なのか

❖深刻化する交通事故

なぜ、これほどまでに自動運転が注目されているのだろうか。火付け役はGoogle社であることは間違いないし、自動車会社とIT企業の戦略が交錯するなか、各社が生き残りをかけて開発競争を進めている。また、ポスト自動車産業という自国のコア産業の育成のため、日米欧の各国が企業と共同戦線を張っていることも事実である。

しかし、都市と交通政策を専門とする私としては、もう少し市民と都市・地域の目線から、その必要性を考えてみたい。

じつはこれこそが、自動運転の最大の対策課題ではないかと思うことがある。

わが国でも、一九六〇年代の急速な自動車普及に伴う交通事故が深刻な社会問題となった。一九七〇年代には「交通戦争」や「交通事故遺児」などという言葉も現れ、交通事故により不幸な人生を歩まざるを得ない被害者が続出した。もっとも交通事故死亡者数が多かったのは一九七〇（昭和四五）年の一万六七六五人であったが、自動車や道路空間の安全性能の向上により、現在は約四分の一の四〇〇〇人台となっている［図3-2］。しかし、注目すべきは、交通事故死亡者数の減少とは異なり、交通事故発生件数や負傷者数は、それほど減少していないという事実である。すなわち、死亡といった深刻な事故は減ったが、事故そのものの件数や被害者数については、その割に効果は現れていないと言える。

また深刻なのが、最近になって高齢者による交通事故が増加していることである。読者の皆さんも、高齢者がブレーキとアクセルを踏み間違えた、高速道路を逆走したなどという事故を

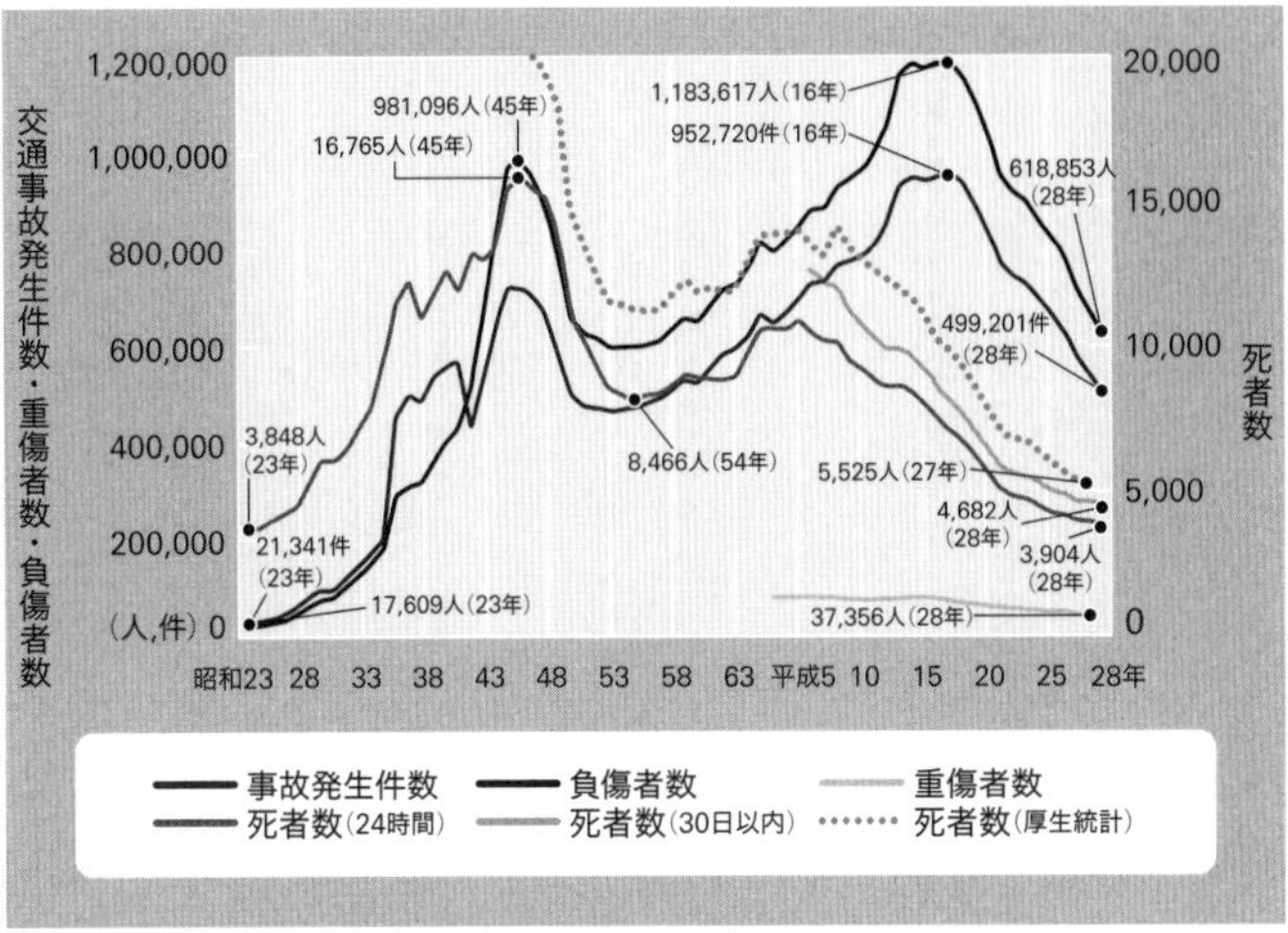

注　❶警察庁資料による。❷昭和41年以降の件数には、物損事故を含まない。また、昭和46年までは、沖縄県を含まない。❸「死者数（24時間）」とは、交通事故によって、発生から24時間以内に死亡したものをいう。❹「死者数（30日以内）」とは、交通事故によって、発生から30日以内（交通事故発生日を初日とする）に死亡したものをいう。❺「死者数（厚生統計）」は、警察庁が厚生労働省統計資料「人口動態統計」に基づき作成したものであり、当該年に死亡した者のうち原死因が交通事故によるもの（事故発生後1年を超えて死亡した者および後遺症により死亡した者を除く）をいう。なお、平成6年までは、自動車事故とされた者を、平成7年以降は、陸上の交通事故とされた者から道路上の交通事故ではないと判断される者を除いた数を計上している。

［**図3-2**］道路交通事故による交通事故発生件数、死者数、負傷者数および重傷者数の推移
出典：内閣府HP 平成29年交通安全白書（概要）

ニュースや新聞でよく目にしていると思う。これは政府の統計データからも明らかとなっていて、交通死亡事故における六五歳以上の高齢者が占める割合は約五五％、歩行者が被害者となる死亡事故に占める同年代層の割合はさらに高く七二％になる。さらに、七五歳以上の高齢者ドライバーの運転免許人口あたりの事故発生件数は、そうでない年代層の二倍以上になるのである（人口一〇万人あたりの七五歳未満の交通事故発生件数は三・七であるが、七五歳以上では七・七となる。いずれも平成二九年の警察庁公表資料）。

今後、公共交通の衰退が予測される地方都市にあって、自動車はときに住民の生命存続にかかわる重要なツールとなるであろう。高齢化社会においても、安全・安心に移動できる自動車環境が必要不可欠なのである。こうした点からも、自動運転の導入意義はきわめて高いものと考えられる。

❖疲弊する地方の公共交通

地方都市を中心に、バスや鉄道の廃線にともなう公共交通の衰退が深刻化している。そのような地方都市では、買いものや病院に行くこともままならない高齢者が増えるに違いない。まさに生命の危機に直面する深刻な事態である。

現在、高齢者には、交通事故削減の観点から運転免許返納といった制度が導入されているが、見込みどおりの成果は得られていないらしい。

私も仕事柄、多くの高齢者と直接話をし、安全運転に関する分析を行っているが、高齢者にとって自動車を失うことは生活の基盤を失うことと同じ。ある地方で高齢者と話した際、「僕は死ぬまでハンドルを離さない」と言われ、驚いたことがあった。

地方自治体の交通政策担当者に話を聞くと、「自動車を使えない高齢者には、コミュニティバスを利用してもらえばよい。そのために、行政はお金をかけてコミュニティバスを運行しているのです」とよく言われる。これに対して、国土交通省が行った興味深いデータがある［表3-3］。じつは、自動車利用でなくコミュニティバスへの転換を促すことで、高齢者の外出機会

		買いもの	通院	外食	集会
高齢者意識	頻度	週2-3回以上であれば満足	頻度と満足度の関係はない	頻度に関係なく満足度が高い	左記同様
	移動時間	**10分以内**であれば満足 40分を超えると遠い	10分以内が近い 30分を超えると遠い	30分以内なら近い	左記同様
	交通手段	徒歩、自転車、自家用車など **自ら移動できる手段**を要望	左記同様	左記同様	左記同様
手段と頻度		徒歩、バイク、次いで公共交通が多く、自動車は頻度低下	タクシーや家族送迎が多く、その他は低い	徒歩、自転車、自家用車、公共交通の順で高い	バイクが高頻度
時間と手段		**徒歩は30分以内**	30分が多い	30分以内が多い	概ね30分以内が多い
時間と頻度		30-40分を超えると頻度は低下	30分以内が大半だが、時間と頻度の相関が低い		

［**表3-3**］高齢者の移動に関する意識（平成23年度国土交通省の資料より筆者が作成）

が減少するおそれがあるというのだ。たしかに、一日に数本しかないコミュニティバスを利用するのであれば、外出もおっくうになってしまうのかもしれない。

人間は、自分が出かけたいときに、自由に出かけられるのが幸せなのである。この調査結果からも、自転車や自動車のような機動性の高い乗りものを、高齢者が嗜好する傾向にあることが示されている。しかし、自転車も自動車も、言い方を変えれば、身体能力の劣った高齢者にとっては、きわめて危険な乗りものである。このあたりが自動運転により改善されるのであれば、衰退する地方都市の活性化にも貢献できるはずである。

❖渋滞解消や環境問題対策

渋滞解消に関する国内での研究実績はないが、テキサス大学の研究によれば、米国を走行するクルマの九〇%が自動運転になれば道路の容量が二倍になったのと同じ効果があるという。これは、車間を詰めて走ることができるからだとしている。また、米国のコンサルタント会社マッキンゼーは、自動運転車両は滑らかな減速や加速ができるため、アクセルワークが最適化でき、一五から二〇%の燃料節約の効果があると報告している。さらに、日本でもITS JAPANによるトラックのプラトゥーン走行（トラック三、四台が四〜一〇m間隔で自動隊列で走行。先頭車両は運転手が乗車するが、後列車両はすべて無人の自動運転）の実験を行っているが、トラックは八〜一五％の燃費改善ができるとしている。その理由は、トラックは風圧抵抗が大きいが、隊列走行にすることで後続車両の風圧が減少するからである。

さらに、ミシガン大学の研究から、完全自動運転車が普及すれば、通勤などで家族が利用し終わった車両が自動で帰ってくるため、夫と妻で一台ずつ二台の車両保有が必要なく、一世帯の自動車保有台数が現在の半分になるとの報告もなされている。

渋滞解消の効果については、若干の疑問を呈したいものの、概して自動運転には、人間が運転することによる反応のタイムラグや感覚ミス等がなくなる。そのため、交通処理能力が改善され、渋滞緩和効果と環境改善効果はあるものと期待できる。

●自動運転社会は二〇四五年から

❖二〇二〇年を境にシフト

自動運転は、わが国が抱える多くの社会問題に有益な解決策を呈してくれることだろうし、期待もする。しかし、すでに記したように、自動運転には1〜5の技術レベルがある。これがいつの段階で、どのように浸透していくのかが次の問題である。

技術革新は日進月歩。ＥＶ（電気自動車）の事例でも示したように、一六〇㎞の航続可能距離がわずか六年で四〇〇㎞になるようなイノベーティブな技術革新があるかもしれない。今後、急速にレベル5まで到達できる可能性もなきにしもあらずなのである。
現在、明らかなことは以下の点である。

❶――二〇一七年現在、レベル2までは実用化の段階にある。
❷――政府は、二〇二〇年に限定地域での無人自動運転移動サービスを実現し、二〇二四年以降に高速道路での完全自動運転市場化（レベル4）をめざすこととしている。
❸――ルノー・日産は二二年に完全自動運転を開発。米フォードは二一年に完全自動運転車を商品化。自動車メーカー各社も強気な戦略を掲げている。
❹――各種機関の予測によれば、二〇三〇年までには、世界の自動車における自動運転車両とそうでない車両の割合が逆転する。

いずれにせよ、二〇二一年以降、日米欧の自動車市場は、自動運転に大きくシフトしていくことは間違いなさそうである。

とはいえ、二〇二一年以降に急激にまちに自動運転車が普及するようなことはないだろう。なぜなら日本では、マイカーの車齢は平均八・四年であり、仮に二〇二五年から完全自動運転車が投入されたとしても（完全自動運転車が完成できるかどうかは別の話として）、全車両が入れ替わるには、二〇年以上の月日を要するものと予測される。だとすると、完全自動運転車がまちなかであたりまえに走行している社会は、二〇四五年ということなる。交通・都市政策に関わる私たちも、二〇四五年を見すえて自動運転社会にふさわしい交通インフラやまちづくりの計画を検討する必要がある。

❖自動運転社会はレベル4から

自動運転は今後どのように社会に浸透していくのだろうか。SAE（Society of Automotive Engineers）の技術基準を見ると、現在、レベル2までが実用化されているのだから、順にレベル3、レベル4、レベル5と昇っていきそうに思う。しかし、本当にそれでよいのだろうか。

今一度、レベル3の定義を確認すると、「加速・操舵・制動のすべてを自動車が行い、緊急時のみ運転者が対応する」とある。わかりやすく言えば、自動運転走行中に、緊急事態が発生した場合、車両が急に「危ないから、ここからは運転手さん、よろしく！」と、運転操作を運転手に投げ出すのである。読者の皆さんもイメージしていただきたい。そのような状況になって、すぐに危険回避の運転ができるだろうか。

ここに興味深い例がある。二〇〇九年に起きたエールフランス447便の大西洋上の墜落事故である。ボイスレコーダーを回収したところ、墜落の原因は、自動操縦から手動モードへの切り替えがうまくいかず、パイロットがパニックとなったのだという。人為的ミスだったのである。自動運転においても、レベル3で急きょ、運転手モードに切り替わることで、このような深刻な事態に陥るかもしれない。だとすると、レベル3などでなく、レベル4からスタートするのが良いだろうし、それができないのであれば、できるまではレベル2の状態で運用することが望ましいのではないかと考える。

二〇四五年までの自動運転車の開発状況は、正直に言ってよくわからない。交通・都市政策の研究者である私に、その未来予測ができるはずもない。繰り返すが、私たちにとって重要なのは二〇四五年には、完全自動運転社会が来るかもしれないといった前提条件のもとで、交通インフラやまちづくりを考えることである。

3.3――モビリティ社会のイノベーション

●ビッグデータと交通マネジメント

近年、「ビッグデータ」という言葉が横行している。とくにモビリティ分野でいえば、GPSデータや携帯電話回線網等を活用した人や車両の移動に関するものが一般的にイメージしやすいビッグデータである。

しかし、モビリティ分野におけるビッグデータ解析は、じつは一〇年以上前から一般的な方法として行われ、活用されていた。一九九〇年代半ばから本格化したITSでは、先述のようにGPSをコア技術としたナビゲーションサービスや公共車両の運行管理サービス等を展開していた。そのため、国土交通省においても、二〇〇五(平成一七)年度の道路交通センサス(道路交通の実態を把握する調査)の中で、GPSによる走行速度計測調査を導入し始めていた。

また、道路行政分野には、そもそもトラフィックカウンターという幹線道路の時々刻々の断面交通データを、二四時間、三六五日捕捉しているビッグデータがある。これらのデータを組み合わせることで、渋滞箇所の把握や道路整備による渋滞緩和効果を定量的に計測する方法があたりまえのように実施されていたのである。

当時は、ビッグデータという洒落た言葉はなく、一般的に「プローブデータ」と呼んでいた。ここで、私が一〇年以上前に行ったプローブデータの活用事例を紹介しよう。

❖「命の道」のトラック輸送

三重県南部に「熊野地域」と言われる、世界遺産・熊野古道で有名な場所がある。二〇〇五年当時、太平洋ベルト地帯からかけ離れたこの地域を、高速道路と接続してくれる唯一の道路が「国道42号」であった。そのため、市民は、国道42号を「命の道」と呼んでいたのである。しかし、熊野地域は豪雨地帯としても知られ、この「命の道」が山間部を走行するルートでもあることから、連続雨量が三〇〇㎜を超えると通行規制となってしまう。

一方で、みかん産地としても有名なこの地域は、収穫期になると大量のみかんトラックが命の道を北上して行く。みかんを新鮮な状態で、早く消費地に届けることは、トラック業界の使命でもあった。そこで、当時の国土交通省北勢国道事務所と熊野地域のトラック協会が、共同でプローブの実証実験を始めた。

この実験では、トラックの走行経路がトラック事業者側で確認できる。これは、今ではあたりまえのサービスとなっているが、当時は画期的であった。また、国土交通省としてもプローブデータを活用することで、渋滞箇所の把握や雨量計のない道路区間でも、大雨でトラックが立ち往生する緊急事態をトラック・プローブデータから認識することができ、通行規制対策や、迂回誘導を施すことができる。

このようなモビリティ分野の取組みは、一〇年以上前からなされている。

❖3.11東日本大震災の衝撃

その後も、モビリティ分野では産官学をあげてプローブデータの有効活用に関する研究開発が行われてきた。しかし、この取組みが一般市民にもわかりやすく知らされたのは、二〇一一年三月の東日本大震災がきっかけだった。

私たちモビリティ研究者は、プローブ解析の研究を始めた二〇〇〇年ころから、すでに災害時におけるプローブデータの有効性に着目しており、昔から「通れた道マップ」としての活用を促していた。

ところが、このGPS位置情報がすべて各カーメーカーの所有となっていて、一般的には活用できないものだった。二〇一一年三月一一日に東日本大震災という未曽有の大災害が発生したことから、各カーメーカーも復旧作業の迅速化のため、各社保有のGPSデータを共通連携で開示することにより走行可能なデータがわかるという、公的サービスに踏み切ったのである。

GPSデータを「見える化」することで、現在通行可能な道路が一目で確認でき（通行可能な道路はプローブカーの軌跡ができるが、通行不能な道路では通行軌跡ができない）、災害復旧のための物流車両が通行可能な道路を利用して被災地にいち早く向かうことができるというサービスである。こうして、東日本大震災により、プローブデータとビッグデータの有効性が注目されることになったのである。ただし、このサービスは災害時のみの限定であり、平常時は実施されていない点が残念である。

この動きをさらに加速させたのは、スマートフォンの普及だろう。スマートフォンの普及により、所有者個々人の位置情報までも把握できるようになったのである。クルマでの移動に限らず、公共交通や歩行中の移動軌跡もわかる。

以上、主にクルマを中心としたモビリティの潮流について綴ってきた。

●鉄道事業と駅空間のにぎわい

戦後のわが国（世界の主要都市でも）のモビリティ施策は、自動車交通の普及と渋滞・環境対策であり、どうしても自動車が議論の中心になりがちだった。鉄道やバス等の公共交通の議論になると、利用者減少に対する利用促進策や鉄道・バス路線廃止後の代替交通手段の確保といった、何とも景気の悪い話ばかりであった。

しかし、わが国の鉄道事業を振り返ると、諸外国にアピールすべき素晴らしい個性があることに改めて気づかされる。

わが国が関与する数多くの海外交通プロジェクトに際して、海外の多くの政府関係者が関心を深めるのは、「日本は何故あれほどまでに鉄道利用者が多く、また複雑な運行計画を正確・安全に実行することができるのか」ということだと聞く。私も幾つもの海外都市を訪れたが、日本ほど駅周辺の空間がにぎわっている国はあまりないと思う。駅空間には、日本独特の「モビリティカルチャー」があるのではないだろうか。

❖日本のモビリティカルチャー

公共交通の利用者減や廃線問題は、地方都市では深刻であるが、大都市に目を向けると、鉄道は通勤・通学の重要な交通手段であり、駅周辺もこのような鉄道利用者が行き交う集客拠点になっている。背景には、わが国が明治維新以来、鉄道政策に力点を置いてきたこと、そしていわゆる「私鉄経営モデル」の存在が大きいと言える。

阪急電鉄や東急電鉄等に代表されるように、都心のオフィス街にターミナル駅と百貨店を整備し、郊外にはテーマパークのような娯楽施設を整備する。そして、その間に住宅地を造成し、通勤・買いもの・娯楽などで鉄道を利用してもらうという事業モデルである。この事業モデルは、核家族化と高度成長期の大衆消費社会において、きわめて効率的なものであった。幼いころの私にとっても、駅前デパートは憧れの空間であった。

じつは、このような事業モデルが、鉄道沿線の「ハレ」のイメージを形成し、わが国の固有のモビリティカルチャーになったのではないかと考える。通勤においても、買いものにおいても、娯楽においても、暮らしの中心に鉄道がある。そんな生活文化がわが国では定着しているのである。こうしたイメージの定着により、鉄道沿線には、さらに商業・業務施設が進出する〝正のスパイラル〟ができあがっていったのだろう。さらには人口集積が進むことで、「人の眼」が集まり、防犯機能も高まったのではないかと思う。海外の、とくに途上国の駅周辺は、たいてい人通りも少なく、治安も悪い。

日本の鉄道空間の洗練された雰囲気は、やはり日本の鉄道経営が、民間企業によって運営されているという点が大きいのではないだろうか。欧米諸国では、鉄道は国や公的セクターが運営する場合が多く、そのために公的資金が補助金として投入されている。しかし、わが国は古くから民間ビジネスとして鉄道運営がなされてきた。そのため、企業経営戦略がうまく空間整備戦略の中に組み込まれてきたのではないかと考える。

ただし、この私鉄経営モデルも、賞味期限が切れつつある。団塊世代の引退により、通勤のための鉄道利用者が減り、娯楽施設で遊ぶ子供も減っている。高齢化で沿線の空き家も増えている。最近では、このような沿線住宅地にインキュベーション機能を導入したり、空き家を活用したシェアハウスの経営等も進んでいる。

事業モデルの見直しは必要であるが、鉄道沿線という、わが国固有のモビリティカルチャーを維持しようとする観点は、未来永劫持ち続けたいものである。

❖エキナカとICカード

近年、注目したいモビリティカルチャーとして、「エキナカ」すなわち、鉄道会社が駅構内に整備する商業スペースがある。従来は倉庫であったり発券施設であったりした駅内の空間が、華やかな商業空間に生まれ変わる。駅前デパートとも対峙する地位を獲得したエキナカの発展には、交通系ICカードの普及が密接に関係していると言われている。

わが国の交通系ICカードの代表例は、やはりJR東日本の「Suica」であろう。私もかつて、名古屋圏の交通系ICカードの導入計画に携わったが、鉄道事業におけるICカード導入の意義は、駅設備の合理化が主目的であり、改札機のメンテナンスコストや人件費の削減を狙ったものであった。しかし、二〇〇四年三月にSuicaに電子マネー機能が付加されると、エキナカの売店などで買いもの利用が可能になり、その利用形態が大きく変わった。たとえば、混雑した駅構内における物販の支払いに電子マネーを活用することでスピーディな買いものが可能になった。

ＪＲ東日本では、こうした電子マネー機能の利便性に着目し、Suica利用の戦略的事業展開を図っていった。今や交通系ＩＣカードは、たんに電車に乗るための乗車券という枠を超え、生活サービス基盤になっているのである。

❖バーチャル化する駅空間

二〇〇〇年ころ、鉄道関係でＢtoＣ（エンドユーザー向けのビジネスサービス）のＩＴサービスといえば、ＩＣカードくらいであった。しかし、最近では、鉄道会社も人口減少と沿線の高齢化・空き家対策を踏まえ、駅と沿線の魅力を高めるため、積極的にＩＣＴサービスの導入を図っている。

たとえば、駅構内や車両内でのWi-Fiサービスはすでに一般化しつつあるが、その他の興味深い事例として、O2Oサービス（Online to Offline）を実証的に展開する例も多くみられる。O2Oは、一般の読者には聞き慣れないものかもしれないが、これは実際の駅空間（Offline空間）とネット上のバーチャル空間（Online空間）を相互に接続するサービスである。例を上げるなら、飲食店の前に行くと、その店のおすすめメニューがスマホにプッシュ方式で表示されるとか、店舗の前に行くとクーポン券がプッシュ方式で配信されるという類のものである。多くの大型商業施設では、このようなサービスを販促活動の一環として、実証研究を進めている。鉄道事業者においても、このO2Oを活用した鉄道利便性の取組みが推進されている。

東京メトロでは、表参道や日本橋の複雑な駅構内での経路案内サービスをO2Oで誘導するサービスの実証を行った。具体的には、駅構内にBLE（Bluetooth Low Energy）と呼ばれる通信端末を設置し、設定した目的地の最寄り出口までの曲がり角や十字路など、駅構内の迷いやすい箇所で部分的な地図を表示して、進行方向を案内するアプリである。ただ、このようなサービスを行う場合は、歩きスマホとならないように必要最小限の情報に限定しなければならない。このほか、一般の商業施設で展開しているようなO2Oで、鉄道利用の利便性を高めるサービスも実用化している。これには、駅周辺に配置されたWi-Fiスポットで、利用者の位置を特定する「ジオフェンス」という技術を活用し、駅周辺に入った場合に、駅周辺にある店舗の情報を、乗り換え検索エンジンアプリに配信するといったものである。鉄道事業者が直接運営するサービスではないが、鉄道利便性の観点から有効なサービスだと考えられる。

また、鉄道各社は、自社路線の利便性を高めるため、スマホアプリの開発にも力を入れている。たとえば、駅の混雑状況をスマホアプリで視覚的に訴求するサービスも展開されている。駅に設置されたカメラを介して、アプリでリアルタイムの混雑動画を見ることができるものである。この際、カメラに映りこむ個人の画像（個人情報）が課題となるため、このサービスでは、人間を模式化しつつも、混雑状況が確認できるような工夫が施されている。

いずれにせよ、今後、減少する沿線人口に対し、鉄道各社は、生き残りをかけて沿線の魅力を維持し、ＩＣＴサービスの充実を図っていくに違いない。

●物流クライシス問題とその処方箋

物流は、私たちの生活を支える大変重要な社会インフラにほかならない。物流システムがなければ、私たちは、毎日の食品も衣服も、ガソリンも、あらゆる消費財を手にすることができない。しかし、市民が物流を、強く意識し感謝することはほとんどないだろう。ありがたく感じるのは、せいぜい家に運ばれてくる宅配便を受け取るときくらいではないか。また、奇妙なことに、地方行政においても物流政策を司る部署はない。私も行政から、人の動きに関する交通政策の相談はよく受けるが、物流に関する相談を受けることはほとんどない。それだけ物流というのは、民間主導で進められているということである。考えてみれば、これほど重要な社会インフラが、完全に民間主導で組み立てられているというのは、じつに興味深いことだと言える。

とはいえ最近、わが国の物流システムが、深刻な問題に直面している。

人口減少と高齢化社会の中で、物流業界は深刻な運転手不足に陥っている。しかもインターネット通販の急速な普及によって、その配送需要はうなぎ登りの状態にある。二〇一六年度の国内貨物輸送量は約四七億tと、ピーク時の一九九一年度の三割減の状態である。これは工場等の生産拠点が海外に移転したことによるものである。しかし、宅配の取扱い個数は、この一五年間で倍増しているのである。さらに、物流システムを疲弊させる原因は、核家族化と共働き世帯・単身世帯の増加にある。宅配が届く時間に留守にしており、再配送となるケースが、全体配送量の二割にも達しているという。これは、年間九万人のドライバーの労働力に匹敵するらしい。

また、物流は地球環境問題でも大きな負荷となっている。わが国の運輸部門が排出するCO_2量（全体の約二〇％を占める）のうち、貨物自動車に起因するものは三四・二％（日本全体の六・三％）である。このほかにも、物流分野は交通渋滞や交通事故等の社会問題にも直結している。そのため、物流業界では、共同輸配送化によって、貨物車の走行台数を減らすとともに、ドライバー稼働の効率化で人手不足の解消を進めようとしている。

しかし、ここに物流業界の構造的な問題が立ちはだかる。大手物流事業者はＩＴ化や積載効率の改善、トレーサビリティ等の機能向上を着々と進めている。しかし、物流業界の企業数でみると、大手といわれる企業は全体のわずか一％に過ぎず、残りの九九％が中小物流事業者なのである（貨物車保有台数ベースでも五六％以上が中小企業保有の車両になる）。このような中小物流事業者は経営基盤も弱いため、ＩＴ化等の経営資源投入を行うことができず、勘に基づく輸配送になっており、トータルの運営実態も不明瞭で、効率化が進められないといった状況に陥っているのである。

話は変わるが、ある大手不動産会社の方から、次のような興味深い話を聞いたことがある。

「外資系企業がテナントで入る場合、テロ対策を大変重視するんですよ。だから、うちのビルでは、事前登録のない物流会社は絶対に入れないようにしている」

海外では、トラック等の物流車両を活用したテロ行為はたしかに多発している。わが国においても、とくにテナントビルの運営にあたって、ビル内に搬入する物資の管理をすることはきわめて重要だと言えよう。その点で、次に紹介するビルの館内物流システム（通称、縦持ちシステム）は、今までの課題に効果的なソリューションを与えてくれるのではないかと考えられる。

❖館内物流システム

いわゆる「縦持ちシステム」は、現在わが国の高層ビルによく導入されている配送の仕組みである。ビルの地下駐車場に物流センターを配置し、館内に配送する荷物は、いったんそこに預ける。そして、建物内での配送（エレベータで行う縦方向の輸送）を担うことから、通称「縦持ち」と呼ばれている。物流センターには、この縦持ちを受託する業者がいて、各階に搬送する。縦持ち業者は、物流センターに荷物を届けた物流会社から手数料をもらい、その費用で運営をしている。物流センターに預ける物流業者にすると、わざわざ高層ビルで高層階まで荷物を運ぶ必要がないことから、作業時間の短縮化が図られ、費用を払ってもよいという〝win-win〟の物流ビジネスモデルなのである。

しかし、私が携った都内のある高層ビル（商業・業務の複合施設）の調査では、縦持ち業者への委託を行う物流量は、全体の七〇％程度であった。ただ、ビル内での貨物車の平均駐車時間は縦持ちを委託する物流会社では二〇分程度の駐車時間だったが、直納業者（縦持ち委託を行わず直接搬送する事業者）では四〇分といった具合に、縦持ち方式により、駐車場の稼働効率が高まることが証明されている。

一方で、縦持ちを委託しない搬送業者は、飲食店に生鮮品を納品する生鮮品業者が多く、その温度管理が難しいことから、縦持ち業者自身も受け取りを拒否する場合が多いそうである。また、その他にも、縦持ちの委託費用を払うのがもったいないとか、縦持ちの仕組みがあること自体を知らなかったという事業者も多かった。いずれにせよ、このような仕組みを活用することで、ビル内での物流や駐車場の効率化が図られるとともに、テロ対策等のセキュリティ向上にも効果が期待できる。

❖共同集配システム

商店街等の密集した市街地での物流システムとして、古くから導入されている「共同配送システム」といわれる仕組みがある。別名、「横持ち」と呼ばれるものであるが、この文字表記のごとく、先のビル内搬送が「縦持ち」であるなら、エリア内を横に搬送する「横持ち」である。

日本で最初に行われたのは、福岡市の天神地区である。一九七八年に福岡都心部共同集配の専門会社が全国に先駆けて設立され、一九九四年に抜本的改善を行った。具体的な内容は、事業区域の拡大、加盟運送業者と銀行の共同出資によって株式会社化、さらには都心から五㎞離れた箱崎埠頭に配送センターを設けた。

市外から同センターまでは各運送業者がそれぞれで運び、そこから都心への配達・集荷を共同輸送会社が一日に四便体制で定期的に、かつ定められたルートで搬送し、都心物流の約四分の一を担っていると言われていた。これによって、トラック交通が大幅に減り、交通混雑の緩和、交通環境の改善に大きく寄与したと言われていたが、現在はというと、運営されていないらしい。

また最近の興味深い事例が、東京・吉祥寺商店街にあるという。吉祥寺商店街は都内でも有数の繁華街だが、商店街固有の細い街路で構成されており、以前から貨物車と歩行者の混在が激しかった。そこで商店街組合が中心となって、関係者の合意形成を図るとともに、共同配送の専門業者に委託することで実現したサービスがある。共同集配の拠点施設は、商店街近傍にある武蔵野市の都市計画駐輪場の一階部分を用いて運営している。この拠点施設から各店舗には、手押し車か自転車で配送するのである。

現在、共同集配システムは主に商店街で運用されているが、今後、この仕組みが都心部で適用できるようになるなら、物流のさらなる効率化とセキュリティの向上に貢献できるのではないかと考える。

●TOD（公共交通指向型開発）への取組み

人口減少社会が到来した現在、高度成長期に拡大した市街地を維持することは、行政にとり財政的に厳しいものとなっている。人口が減るのだから、市街地の人口密度は少なくなる。人口密度が低くなれば、そこに供給する水道やガス、鉄道・バス等の公共インフラの維持管理費の単価（住民一人の生活を支えるために必要となるコスト）は当然のこと割高になる。また、人口密度が薄くなれば、空き家問題も深刻化するし、公共交通経営も困難になる。おのずと自動車交通にシフトする。そして、自動車交通が増えれば、渋滞や交通事故、CO_2排出量増加等の社会問題がさらに悪化する。そもそもクルマを運転できなくなった高齢者は、買いものや通院等の移動手段を失うことにもなる。

このように、人口減少社会では、拡散した市街地の縮退が必然的になる。そこで、国の政策も、TOD（Transit Oriented Development：公共交通指向型開発）の推進へと向かっている。

TODは九〇年代前半に米国で使われるようになった用語で、その名のとおり、そもそもは特定施設・特定地区に関する都市空間の中の限定的エリアを想定したプロジェクト思考のものであった。そのため、本来であれば、広域的な都市政策のなかにあてはめるのは、やや無理があった。一方で、日本には米国でTODが提唱される以前から、世界に誇るべきTODが進められていたのではないかと私は思う。

東急や阪急などの民間私鉄の沿線開発に代表されるように、わが国の鉄道沿線開発は、居住地・勤務先の空間的な配置に留まらず、休日の買いもの先、郊外の娯楽施設の立地までを含め、沿線居住者の生活をトータルコーディネートするものとなっている。公共交通に依拠した生活圏を構築するよう、交通軸（鉄道軌道）と沿線都市空間が一体的に整備されてきたのである。沿線都市空間と交通軸が有機的に連携し、都市空間として広がっているという点で、米国発のTODよりも機能が高いと言えるのではないだろうか。何より、より良い沿線空間づくりを行うインセンティブが、整備主体側（鉄道事業者）に内在する。そのような仕組みは、欧米諸国に例のない取組みだと言えよう。

では、なぜ歴史的にも空間機能的にも優れた日本の沿線開発より、米国のＴＯＤの方が国際的な政策研究の場で、よく引き合いに出されることになってしまったのか。この点について、筑波大学の谷口守教授は、次のように指摘している。

わが国の沿線開発はあくまで「行為」でしかなく、「街と公共交通」がささえあうための「職人芸」はあっても、社会公益性のもとで広く認知された「計画論」「理念」がそこに感じられなかったからではなかろうか。

いずれにせよモビリティ政策を考えるうえで、都市構造は基本となるベースのレイヤーである。わが国の都市政策が、ＴＯＤに向かうのであれば、これを前提に次世代のモビリティ政策を考える必要がある。

第4章

未来をひらくモビリティ研究

4.1——自動車を悪者にしないまちづくり

産業革命以来の大規模なイノベーションが、モビリティ分野で起きようとしている今、日建設計総合研究所では、大学などと共同で先進的なモビリティ研究を進めている。ここでは、私が関わったいくつかの未来をひらくプロジェクトを紹介しよう。

●ロードプライシングの提案

「自動車」を語らずして、戦後の都市とモビリティの関係を語ることはできない。都市における自動車は、交通渋滞、交通公害、交通事故といった点から、しばしば悪者あつかいされるが、自動車が人々の暮らしを豊かにしてくれたことに間違いはないはず。だとすると、私たちが自動車を適正にコントロールしてこなかったことが問題なのではないだろうか。

自動車をコントロールする方法の一つに「ロードプライシング」という交通政策がある。ロードプライシングとは、都心部に流入する自動車交通を適正にコントロールするため、流入車両に一定の料金を課金する仕組みである。徴収金は、自動車の代替交通手段となるバスや地下鉄など、公共交通の運営費用の補填に当てられる。歩道整備等の交通対策にも活用される。

つまり、都市交通の環境全般の改善を目的とする、もっとも合理的な方法だと考えられるのである。

この政策が注目されるきっかけになったのは、英国・ロンドンでの導入であった。二〇〇三年二月、ロンドン市では革新派市長ケン・リビングストーンの強力な政治リーダーシップのもと、世界的な大都市として初めてコンジェスチョンチャージ（混雑課金）すなわち「ロードプライシング」が導入された。導入後は従前に比べ三〇％の自動車交通量の削減が実現した。このシステムを管理・運用するＴｆＬ（Transport for London）によれば、当初は反対意見が多かった市民レベルでも、徐々に好意的に受容されるようになっていったという。このようなロンドンの先進的な取組みに触発され、ＥＵ諸国の多くの国・地域でロードプライシングの導入が検討されるようになった。とくに地球温暖化対策への関心が高いことから、ロードプライシングが一つの有効な方法として認識されているのである。

ロードプライシングの歴史は意外と古く、一九六〇年代に英国の交通省が始めた「スミードレポート」に端を発する。しかし現在、ロードプライシングを導入している都市は、ロンドン、シンガポール、ストックホルム、オスロなど限定的である。その原因はひとえにロードプライシングの受容性の低さ、すなわち合意形成の困難さにあると言ってよい。

ロードプライシングの導入を試みながらも実現に至らなかった都市も多い。たとえば、英国・エディンバラ市では、二〇〇五年二月にコンジェスチョンチャージ導入に関する住民投票を実施した。その結果、七四・四%の反対票が投じられた。反対派の主な意見は、「導入による中心市街地の衰退」を懸念するもの、および「エディンバラはロンドンのように渋滞していない」といった現状を容認するものであったと報告されている。

導入による中心市街地の衰退については、その他の多くの検討対象都市でも同様の指摘がある。先のロンドンにおいても、TfLの報告とは別に、ロンドン商工会議所が「九二%の商店主が有効な対策と考えておらず、三三%の商業主が店を課金エリア外に移転することを検討、二八%が閉店を検討している」との衝撃的な報告をしたほどである（二〇〇五年一月）。わが国でも、東京都では二〇〇〇年よりロードプライシングの本格的な導入検討が開始されたが、過密な巨大都市であるがゆえに、実現に際しての障害も多いようである。

観光都市である京都市や鎌倉市では、長年に渡ってロードプライシングの議論が立ち昇っては消えるといった状況が続いている。両都市の担当者と議論をしたことがあるが、いずれも観光客の自動車交通によって、市民は買いものに行くことすらままならない状態である。そのため、市民レベルではロードプライシングの受容性は比較的高いのではないかとのことであった。それでも実現に至っていないのは、商業主の反対が大きいためである。地元の商業主のあいだには、「ロードプライシングによってお客さんが減る」といった懸念が根強くあるらしい。

そこで二〇〇八年から国土交通省の研究資金を得て、名古屋大学の森川高行教授の提唱するPDS（Parking Deposit System）という、世界初の試みとなるロードプライシング手法の可能性についての研究に取り組んだ。

PDSは、従来のロードプライシングのようにエリアに侵入する全車両を課金対象とするのではなく、都心部の交通渋滞に大きな影響を与える「通過交通」や「違法な路上駐車」のみを対象に課金する仕組みである。換言すれば、次のようになる。

❶──都心部にクルマで来訪したドライバーでも、合法的な駐車を行った場合には入域賦課金の一部または全額を返金する。

❷──買いものなどで、課金エリア内の地域経済活動に貢献するドライバーに対しても同様の返金による免除を付与する。

このように「返金あり」という、柔軟な仕組みのロードプライシングにすることで、都心へ向かおうとする買いもの客の抵抗を減らし、中心市街地の衰退も防ぐことができる。ひいては、商業関係者の受容性の向上が実現できるものと考えられる。

PDSの有効性を検証しようと、名古屋市民一二四八名に対するアンケート調査を実施した。従来のロードプライシングとＰＤＳに対する賛否の割合の分析を行ったところ、ＰＤＳの方が賛成率が高い傾向になることが示された。地域にとって悪影響しか及ぼさない通過交通などに対して課金を明確にしたのがＰＤＳであること、また買いものなど地域経済に貢献する自動車での来街者には一定の返金を行うといったやさしい仕組みであることが、市民に受け入れられた理由だと考えている。すなわち、この施策の特徴である「悪」と「善」を明確にした点が、市民の受容性を高めたと言える。

また交通シミュレーションの結果でも、ＰＤＳはロードプライシングと同様に都心部に流入する自動車交通を大幅に削減できることが示された。たとえば、名古屋都心部に入域する際に七〇〇円の課金をする従来のロードプライシングと、七〇〇円はいったん課金するが、買いものをすれば四〇〇円を返金してくれるＰＤＳ、さらに七〇〇円全額を返金してくれるＰＤＳの三種類を比較した。その結果、いずれの場合も八〇％以上の通過交通の削減効果があることが示された。

これまでロードプライシングには否定的であった日本だが、二〇一七年には国土交通省が中心となり、京都市と鎌倉市などをモデル地区としたロードプライシングの導入の検討が始まろうとしている。とくに観光客が多くの買いものをする地などでは、ぜひＰＤＳのような社会受容性の高いプライシングスキームの導入を提案したい。

◉ワンウェイ型のEVカーシェアリング

自動車に大きく依存する社会は、多くの市民が渋滞に悩まされる社会であり、地球環境への悪影響も及ぼすことだろう。都市空間の利用が非効率だという問題も上がっている。自動車社会は駐車場の整備が前提になるため、都心の一等地に多くの駐車場を整備する必要が生じる。だが、自動車一台の一日の稼働率はきわめて低い。購入された自動車の大半は、駐車時間に費やされている。私たちの研究でも、マイカーの稼働時間は一日のうちわずか一〇%に過ぎなかった。

都市空間におけるマイカーの自由気ままな横行は、空間の有効活用という点では決して喜ばしいことではない。このようなマイカーを減らし、駐車空間の省スペース化、つまりむだな都市空間を削減するなら、都市の魅力向上を図ることができるはずである。この点でカーシェアリングは、まちづくりにとって有効な対策と言えるだろう。

カーシェアリングはもともとドイツやスイスをはじめとする欧州諸国で発達した。わが国でも一九九〇年代後半よりＩＴＳ（高速道路交通システム）と関係する一つの完成形として、全国各地で社会実験が行われてきた。なぜＩＴＳと関係するのかというと、カーシェアリングの予約や乗車時の個人認証、そして運営会社が走行中の車両の位置を確認するためにＧＰＳを利用した車両管理を実現するという視点で、ＩＴＳが有効だからである。

二〇〇二年には、わが国でも初のカーシェアリング事業会社が発足した。このため国は、レンタカー事業に関する規制緩和を進めた。それまではレンタカーは対人での受付が必須であったが、民間企業の強い要望により、無人で車両の貸出しができるようになったのである。さらに、カーシェアリングは消費者のエコロジー感にも響いた。大都市部では駐車料金が高いことや、車両維持費に対する節約志向が重なって、カーシェアリングビジネスの可能性は近年急速に高まっているのである。

先に記したように、二〇一九年三月時点のわが国のカーシェアリング車両ステーション数、車両台数、会員数は急激な増加を示している。しかし私たちが行った国内のカーシェアリング事業者へのヒアリングによれば、カーシェアリング事業の経営基盤はいまだ盤石とは言いきれず、最近では駐車場事業者などの異業種からの市場参入が盛んとなっていて、カーシェアリング事業が、ある意味で淘汰の時代を迎えているとの指摘もあった。

一方、EU諸国では環境にやさしいEVを活用し、「路上」でEVの貸出と返却が可能なワンウェイ型のカーシェアリング事業が二〇一一年一二月ごろより開始されている。フランスのパリ市ではautolib'と称するもの、またオランダのアムステルダム市のcar2goがそれである。

ワンウェイ型の意味を簡単に説明しよう。読者のみなさんがレンタカーつまりカーシェアリングをする場合には、使い終わった後に、借りたもとの場所のステーションに返却するのが一般的である。しかしワンウェイ型となると、到着した地の駐車場に返却することができる。つまり、往復で交通手段を変更したり、クルマを返却してそのまま飛行機で海外に行ったりもできる仕組みである。利用者にとっては、利用可能なシーンがかなり拡大する。

autolib'もcar2goもワンウェイ型のEVの利用が路上でできてしまうというのだから、わが国に比べて相当に先を行くカーシェアリングモデルと言えよう。

●世界初、乗り捨て型EVカーシェアリング

autolib'は現在は運営中止というが、この事業のモビリティ界へのインパクトは相当なものであった。また最近、MaaS事業への影響によることから、本書ではその業績を紹介した。

autolib'の目標は、パリ市内にEV車両を三〇〇〇台配置すること。また、EV車両の貸出しと返却を行えるデポ（autolib'の場合はデポのことを「エスパス」と呼ぶ）を、パリ市内に四〇〇m間隔に整備する計画であった。パリ市内の地下鉄駅の間隔が三〇〇mであるから、ほぼ地下鉄の駅並みである。徒歩による移動が苦にならない範囲は一般的に三〇〇〜四〇〇mと言われているので、パリ市内の歩行圏のなかに必ずEVシェアリングのデポがあることになる。この事業は、フランスの財閥Bolloré社が行う官民連携モデルであった。autolib'は、すでにパリ市に導入されている先進的なコミュニティサイクル事業velib'のように広告ビジネスをもたず、カーシェアリング事業による収入のみで採算をとる仕組みになっていた。各デポ駐車場には六駐車

スペースを用意し、三台のEV車両を配置することを基本としている。充電はセルフサービスで、エスパス［写真4-1］で登録、貸出・返却もできる仕組みであった。

Bolloré社製のEV車両（Bluecar）は四人乗りで、航続距離は二五〇km（エアコン未使用時）であった。料金体系はvelib'同様に短時間利用を促すシステムとなっており、会費一二ユーロ／年間、最初の三〇分は五ユーロ、その次の三〇分で四ユーロが加算される。それ以降は六ユーロ／三〇分と割高な加算となる。また利用時のデポジット金として二〇〇ユーロを徴収し、損害賠償に充てるとともに、事故の多い会員のデポジット金を引き上げることになっていた。

autolib'の導入背景を調べると、パリ市民の五八％の世帯が自動車を持っておらず、一六％が月一回未満の自動車利用であること、さらにはパリ市内のマイカーの稼働時間は五％（九五％が駐車時間）しかないといったパリ市固有の交通背景があったようである。また一般的にワンウェイ型のカーシェアリングの仕組みであると、返却場所に駐車スペースがなく駐車できないといった問題が発生する。そのため、予約時に車両電話やインターネットで返却ステーションを予約するという仕組みをとっていた。

❖autolib'と市民の意識

一般の路上にEVが放置されていて、それをシェアリングできるのだから、市民に対する視認性、そして利用機会や導入に対する賛意、さらにはライフスタイルに及ぼす影響は多大なものではないかと思う。そこで、このようなワンウェイ型で路上乗り捨て型のEVカーシェアリングという奇抜なカーシェアリングシステムが、パリ市民の意識や交通行動に及ぼす影響を確認するため、パリ市民を対象としたインターネットによるアンケート調査を実施した。この調査結果からわかったautolib'の導入効果を紹介しよう。

autolib'を利用する目的を見てみると、買いものや娯楽・レジャー等の自由目的がもっとも多く、次いで通勤での利用が多かった。またいわゆるワンウェイ型の特徴的な利用形態として、「深夜帰宅のタクシー代わり」といったものもあった。二〇一一年のサービス開始前の調査

［**写真4-1**］パリ市内に設置されたエスパス（右）と路上で駐車と充電を行うautolib'
（出典：ウィキメディア・コモンズ／Mariordo）

では、通勤・通学のほか打合せや荷物搬送などの業務目的での利用が多いと予想していたが、利用実態を調べてみると、このような利用形態は意外と少なかった。

わが国のカーシェアリング事業でも指摘されているように、「営業車」としてのカーシェアリングは利用しにくい。なぜなら、仕事の荷物を車内に置きっぱなしにできないなどの理由があるる。理想と現実の乖離がここにある。

平均乗車人数は全目的で一・九人／台。いちばん多いのは娯楽・レジャーで二・七人／台であった。カーシェアリングは一人の利用ではなく、複数人で利用されている点も興味深い。

現在は運営中止となった〝autolib〟であるが、この思想は今話題のＭａａＳに確実に引き継がれていると思う。また、自動車を〝買うもの〟から〝使うもの〟との思想を提起したのは間違いなく〝autolib〟であった。

❖〝autolib〟は環境にやさしい

私たちは〝autolib〟の利用者に対して、〝autolib〟導入前後での週当たりのマイカー利用回数および利用距離、公共交通の利用回数に関する質問を行った。この結果、〝autolib〟の導入により、全目的でマイカーの利用回数が削減される傾向にあり、公共交通の利用回数が増加傾向にあることがわかった。アンケートでの「〝autolib〟の導入によりマイカーの利用回数が減ったか？」との質問に対し、六七・四％の利用者が「減った」と回答している。また「公共交通の利用回数が増えたか？」の質問に対しては、三四・九％が「増えた」と回答している。この点からautolib'は明らかに市民の交通行動に影響を及ぼし、マイカー利用の削減と公共交通利用の促進に貢献していることがわかる。

一方、ＥＶ普及の最大の課題となっているのが、航続距離がガソリン車に比べて短いということである。しかし、一般的な都市市民が利用する自動車の航続距離は二〇〜三〇㎞程度であり、ＥＶの航続距離で十分賄えるはずである。それでも市民は、航続距離が今のガソリン車に比べて短くなるという理由だけで、ＥＶに対して全面的な信頼を置かない。

そこで、ＥＶが一充電で走行可能な距離に対し、autolib'の利用者と非利用者の希望距離を事前・事後調査で比較した。すると、autolib'利用者がＥＶに求める航続距離が利用前に比べて明らかに短縮化していたのである。autolib'の利用経験（ＥＶ利用体験）を通じ、市民は日常の移動であれば、ＥＶの航続距離で十分であるということを改めて認識したのである。

ＥＶの普及条件として、航続距離が長くなることを上げる人は、autolib'利用者では利用前に比べて減少しているが、未利用者では、この条件を上げる割合が変わっていない。

私たちが行ったアンケート回答者の一般的な一日の移動距離は二〇〜三〇㎞であって、ＥＶの現在の性能で十分なのである。

注目すべきは、autolib'はEVの購入意向を高める機能があるという点である。autolib'の利用者では、EV購入意向が二〇％以上も増加している。日本でも大手カーシェアメーカーが、欧米の有名自動車メーカーの車両を導入している。カーシェアリングという体験試乗が、その商品の魅力を訴求するという効果があるからだろう。

さらに重要な点がある。自動運転社会の到来が待ち望まれる昨今、どのように自動運転を社会に普及させるか、である。じつは、シェアリングといったサービスの活用が、自動運転の普及を後押しすることになると考えられるのである。いやむしろ、自動運転社会には、カーシェアリングによる普及形態が一般的になるのかもしれないとさえ思われる。

●次世代自動車社会のインパクト

二〇四〇年に向けて、世界の自動車がEV化の方向に傾いていくことはすでに記した。

都市・交通政策の研究を行う私たちにとっての最大の関心事は、EV等の次世代エコカーが中心となった都市では、どのような変化が起こるのかという点である。

EVの普及によりガソリンスタンドは減り、主に家庭での充電が一般的になっていく。地方、とくに農村部ではガソリンスタンド自体が経営難で減少しているため、EVの普及は歓迎すべきことかもしれない。しかしEVは、自動運転ほどに画期的ではなく大変革をもたらすものではない。自動運転は人間の交通行動や車両の走行挙動、さらには車両の保有構造等を根本から変えるものであるため、その衝撃力は計り知れない。しかしＥＶは、エンジン機構が変わるだけのものであり、都市構造を根本的に変えるものではないと考えられる。

では、ＥＶが都市にもたらす大変革とは何か。それは地球温暖化問題、そしてヒートアイランドの緩和効果ではないだろうか。そもそもＥＶは、地球環境問題に対する視点からスタートしている。CO_2削減効果が高いことは明らかである。

❖ＥＶによるCO_2削減

「ＥＶはCO_2の排出がゼロ」とうたわれる。これは一義的には正しいが、本質的には間違っている。なぜならＥＶに必要な電源は、いま現在は石油によって発電されているからである。このため自動車のCO_2排出量は、通常Well（油田）からWheel（車輪）までのトータルで見るのが一般的である（通常これをWell to Wheelという）。

一般財団法人日本自動車研究所が調査した二〇一五年に発売された国内生産車両で、ガソリン車、ＰＨＶ（プラグインハイブリッド車）、ＥＶにおける〝Well to Wheel〟でのCO_2排出量を比較すると、ガソリン車に比べＥＶのCO_2排出量は大きく削減できることが示されている。

しかし注目すべきは、発電の電源構成によってＥＶによるCO_2削減効果が異なることである。二〇一四年度の電源構成であれば、ＥＶのCO_2排出量は六七・四g-CO_2/kmとなっており、ガソリン車の一四三・二g-CO_2/kmに対して二分の一以下に削減できる。だがじつは、ＰＨＶ（七六・八g-CO_2/km）との差は一五％程度であって、それほど大きくはない。だとすると3章で述べたような電源機器の問題を抱えてまで実現する意味があるのか、やや疑問である。

わが国は二〇三〇年には、発電量のうち現在一二％程度である再生可能エネルギーの割合を二二～二四％まで引き上げることを目標に掲げている。この二〇三〇年の電源構成に基づけば、ＥＶのCO_2排出量は四七・〇g-CO_2/kmとなり、ガソリン車の三分の一のレベルとなる。またこの時のＰＨＶのCO_2排出量は六六・六g-CO_2/kmであるため、ＥＶにより三〇％削減できることとなる。こうなるとＥＶのCO_2削減効果は明らかである。

以上のように、ＥＶによるCO_2削減効果を遺憾なく発揮するには、電源構成を再生可能エネルギーに大きくシフトする必要がある。「二〇四〇年、電力危機」を招くとされるＥＶ社会に備えるためには、CO_2負荷の少ないエネルギー政策の実現が大前提であることを、十分に理解していなければならない。

❖ヒートアイランドの緩和

もっとも興味深いのは、ＥＶがヒートアイランドに及ぼす影響である。ヒートアイランドは、

CO_2問題以上に市民にとってわかりやすい都市環境問題ではないだろうか。

都市のヒートアイランドは、コンクリートやアスファルト等の人工的被覆面による熱反射の影響や、都市の高密度化（高層ビル等の密集）で風通しが悪くなったこと、加えて建物の空調機からの排熱や自動車の排熱といった人工排熱が大きく影響していると言われる。つまり、自動車交通もヒートアイランドに悪影響を及ぼしているのである。現在のガソリン車（内燃機関自動車）は、エンジン内でガソリンを爆発させて動力を得ているわけだから、当然ながら排熱量も大きい。しかしEVの場合は、電力でモーターを回して動力源にする。排熱量は明らかに小さいはずである。

そこで都市の温熱環境シミュレーターを用いて、EV社会のヒートアイランド緩和効果を計測してみた。対象としたのは名古屋都心部である。

シミュレーションの結果、都心のヒートアイランド現象のうち自動車排熱に起因するものが二割程度を占めることがわかった。自動車の排熱がヒートアイランドに及ぼす影響は結構なものである。次いでEV社会（一〇〇％の車両がEVになった社会）では、自動車排熱による影響がほぼなくなり、かなりの改善効果が期待できる。自動車排熱が溜まりやすい、道路幅の狭い街区や路地などでは、気温が二～三℃低下すると予測されるのである。

❖EV社会のトラップ（罠）

以上のように、EVは都市のヒートアイランド現象の緩和に、かなり効果的であることが示された。しかしEV社会の到来には、もう一つの重要なトラップ（罠）があることを忘れてはならない。それは電力需要との関係である。

現在、国内で販売しているEVの大容量モデル（航続距離二八〇㎞）には、三〇kwhのバッテリを搭載している。もし仮に、この車両が一斉に国内の普通乗用車に普及したとしよう。

現在、わが国の乗用車台数は約六〇〇〇万台（二〇一七年七月現在）。また乗用車の平均走行距離は約一万㎞／年である。先述のとおりEVの航続距離が二八〇㎞だから、年間で三五回は充電することになる。六〇〇〇万台のEVが年間三五回充電するのだから、ピークを考えず平均的に充電していると仮定しても年間で二一億回（＝六〇〇〇万台×三五回）の充電行為が発生し、一時間でみても二三万台（＝二一億回÷三六五日÷二四時間）のEVが三〇kwhの電力を充電していることになる。これだけでも六九〇万kwh（＝三〇kwh×二三万台）の電力消費がなされる。ちなみにここには、ピーク率がいっさい考えられていない。また対象はあくまで乗用車だけである。商用車のEV化もあるだろうし、ゴールデンウィーク等の大型連休には凄い勢いで充電行為が成されるにちがいない。すると、場合によっては三〇〇〇万kwhを超えるかもしれない。

日本の最大電力供給力は一〇社合計で一億七三九一万kwhであることから、明らかにあり得ない電力需要を、EVが必要とすることになる。

さらに追い打ちをかけるような深刻な未来がある。これからの私たちが生きる社会は、莫大な電力需要を必要としているということである。情報通信機構（通称NICT）の柳田敏雄氏によれば、人間を打ち負かした話題のアルファ碁は、その対戦のために二五万ワットの電力を必要としたという。たかが碁のAIが、である。一般家庭の年間電力使用量が四五〇〇kwhと言われているので、一日の一時間でみると平均五〇〇ワット程になる。アルファ碁は「たかが碁をする」ために五〇〇世帯分の電力を消費していることになる。もし本当にAI社会が到来したなら、どれだけの電力消費が必要になるのだろう。さらにAI社会は、ビッグデータ社会とセットでやって来る。ビッグデータを保管するためのサーバーも必要になる。すると、必要な電力消費量はうなぎ登り状態になるのではないだろうか。

EV社会はEVだけでやって来るわけではない。AIやビッグデータといった大革新がすぐそこまで来ている。換言すれば「電力大量消費社会」の訪れである。私たちは、この事実を十分に認識しなくてはならない。これを支えるために量子コンピュータであったり、スマートグリッドであったり、いろいろなテクノロジーが必要になるだろう。もう一つ、モビリティの観点から考えれば、EVに過度に依存したモビリティ社会の構築は、きわめて危険であるということも認識する必要がある。

4.2——「幸せ」とモビリティの接点をめざして

●ICTを活用した安全・安心な暮らし

そもそも都市政策は住民の幸福のために実施されるべきものである。モビリティは住民の幸福感の醸成のなかで、重要な役割を担っていると思う。そこで私が行った研究（名古屋大学の森川高行教授および岐阜大学の小倉真治教授との共同研究）のうち、特に住民の暮らしおよび移動者の幸福度向上に貢献すると考えられるものを紹介しよう。

わが国は、一九七〇年に高齢化社会へ転じてから、二〇一八年には高齢化率二七・七％（二〇一八［平成三〇］年版高齢社会白書）という、世界に類を見ない速度で高齢化が進行している。とりわけ中山間地域や地方都市では、その傾向は顕著である。第2章でも紹介したように、地方部を中心に公共交通の衰退が加速している。そのため高齢者の生活の孤立化、医療サービスにアクセスできなくなるなど、高齢者の安全・安心な暮らしが脅かされている。早急に対応すべきであることは言うまでもない。

さらに、このような地域では独居老人数も増加傾向にある。高齢者の場合、救急救命医療の対象となる確率は自ずと高くなるが、独居老人の場合は自身の既往歴や投薬禁止の医薬品名等を、救急隊員に口頭で伝えることは難しく、救命活動上の大きな課題となっている。こうした背景を踏まえ、岐阜県等の医療先進地域では、医療情報（既往歴や服用履歴等）をＩＣカード化することで、迅速な人命救援の実現を支援している。

ＩＣカードを活用した取組みは、モビリティ分野にも大きな利をもたらしている。たとえば、公共交通の利便性向上の視点からＩＣカード決済システムの導入が進められているのである。ＩＣカード化により、利用者は乗降時に運賃に当たる小銭の準備をしなくてよいため、高齢者に好評である。わが国では、二〇〇一年のＪＲ東日本のSuica導入をきっかけに、全国の鉄道のみならずバス路線にもＩＣカード化が浸透しつつある。

そこで私たちは、中山間地域や地方都市の超高齢社会を対象として、交通分野と医療分野がかかえる課題を、ＩＣＴの活用によって統合的に解決する実証実験を行った。これは、中山間地域における「交通分野」と「医療分野」の融合を狙った統合的な施策の開発であり、超高齢社会における高齢者の安全・安心、快適な暮らしをＩＣＴの活用によって実現しようとするものである。この実証実験では、ＩＣカードに次の二つの機能を持たせることで、カードが中山間地域の高齢者にとって必要な生活インフラとなることをめざした。

❶――ＩＣカードによって、地域のコミュニティバスの運賃決済ができるサービス

❷———ICカードによって、カード保有者である高齢者の疾病情報や既往歴情報を、地域の医療機関が共有化できるサービス

実証実験は、愛知県豊田市の北部にある中山間地域の集落「足助《あすけ》地区」で実施した。足助地区の高齢化率は四一・八％（二〇一九［令和元］年六月一日時点）と、市内の集落のなかでも特に高い。一方、足助地区の医療を担う中核医療機関として「足助病院」があり、医療だけでなく福祉・介護を総合的に提供するとともに、地域住民の生活を支えるコミュニティの場も提供している。私も何度かこの病院を訪れたが、通院だけでなく院内の売店で買いものをするなど、お年寄りたちのコミュニティスペースともなっていた。

❖あすけあいカード

あすけあいカードは足助病院の医療情報を閲覧できるためのカードであるとともに、足助地域のコミュニティバスにも乗車することができる交通決済カードである［写真4-2］。このカードには、個人情報を保護するためのさまざまな仕組みが導入されている。医療情報は究極の個人情報であるから、あすけあいカードにはカルテ情報など詳細な個人情報は記載されておらず、そういったものはすべてサーバー内に保管されている。あすけあいカード紛失時の問い合せ先

はもちろん、個人IDのみであり、サーバー内に保管された医療情報等を引き出すためのトリガーなのである。

救急システムとしてあすけあいカードを利用する、次のような方法がある。患者の救急搬送時に救急隊員がカード専用の読み取り機によって患者情報を取得する。これによって隊員は、迅速かつ正確に患者の医療情報を収集することができるのである。この仕組みは、意識を失っている救急搬送患者の場合などに有効である。

またこのカードには、地域の病院で医療情報を共有できる仕組みもある。足助地区の中核病院である足助病院を中心に、各診療所が患者の医療カルテ情報を共有し、そのトリガーとしてあすけあいカードの個人IDがあるというコンセプトなのである。

[**写真4-2**] 豊田市足助地区を走るコミュニティバス「あいま〜る」(ラッピング車両／写真提供：豊田市)と交通決済カード「あすけあいカード」

❖ICカード化の効果

ICカードは二七三九人の足助病院患者に配布され、救急医療情報を読み取る専用端末も足助地区の全救急車（二一台）に配備した。さらにICカードにはコミュニティバス「あいま〜る」への乗車決済機能を搭載している。

カードホルダーの居住地データからは、足助病院の医療圏を明確に確認することができ、病院経営という点でも効果が高いものである。とくに興味深い分析として、地域のバス路線網と重ね合わせることで、医療圏とコミュニティバス路線の整備の整合性を検証することができ、医療アクセスの公平性といった観点からきわめて効果的な取組みであると言えるだろう。このように、ICカード化は通院とバス乗車実態をセットで把握することができ、行政側からすると医療圏と交通ネットワークの検証もでき、公共交通運営のPDCA（Plan-Do-Check-Action）サイクルに、きわめて効果的な取組みだと言える。

また病院にとっては、患者の外出頻度なども確認ができて、患者の健康状態を知る有効な情報にもなり得る。さらにバス乗車という行動を介して、来院予定者の来院時間を把握することもできる。時間帯ごとのバス運行計画の見直しにもつながるだろう。過去の来院データからは、来院時間の予測も可能になる。病院側にとっても、混雑緩和のための対策を施しやすくなるというメリットがある。

❖市民からの評価

高齢の患者をモニターとしたアンケート調査を行ったところ、カード所有による救急時について、九〇%以上の回答者が安心感の向上を示しており、医療機能について高い評価を得た。当初は、モニターのほとんどが高齢者であるため、配布したカードを本当に保有してくれるのかどうかが懸念されていた。カードを受け取った後、カードは常にタンスの中に保管されるような状態なのではないか、といった心配の声も聞かれた。しかしアンケート調査の結果、被験者の約九割がカードを財布または鞄の中などに保管しており、常時携行していることが確認できた。

こんな面白い話もある。高齢者の多くは常に巾着袋を携えていて、その中には財布や病院の診察券など、命の次に大事なものがすべて入っているのである。もちろん、あすけあいカードも忍び込んでいる。病院の先生から大切なものとして渡されたカードであるから、高齢者たちは、とりあえず大事な巾着袋に忍び込ませているというのである。あすけあいカードの有用性を裏付けるエピソードではないだろうか。

一方、モニターの七割以上が複数の医療診察券を持っていた。複数の診察券を所有するのは、高齢者ではごく一般的なことだと思う。そして彼らは、これらのカードを一枚のＩＣカードにまとめることを望んでいた。ＩＣカード化のメリットを高める点でも、今後の課題と言える。

また、カードの有料化についての意向を確認したところ、初期の費用負担もしくは年会費負担についても、回答者の七割以上が理解を示しており、ビジネス性からも有効であることが示された。

●移動空間におけるストレスについての研究

外出中の移動時に、ヒヤッとした瞬間やイラッとした思いを抱いたことは、多かれ少なかれ誰にでもあるのではないだろうか。都市化が進んだ現代社会では、人や自動車が密集し錯綜する。そのため都市は、ストレスの巣窟とも言えるだろう。たとえば自動車を運転中、車道に人が飛び出してきたり、自動車を運転中に割り込まれたり、煽《あお》られたりしたなら、なかなか平常心ではいられない。では、緑豊かな歩行者専用道路をゆったりと、深呼吸をしながら歩いているときの感覚はどうだろう。

❖ストレスフリーのモビリティ社会をめざして

都市の移動空間には、さまざまな顔と出来事がある。ここで「顔」としたのは、いわば都市空間の形状である。「出来事」は形状に起因する。

では、イラッやヒヤッとする空間の形状とは、どのようなものなのか。私たちモビリティの研究者には、そのような空間を公平かつ明確に客観性を持って明示することが求められている。なぜなら、モビリティ空間は公共財であり、多くの人の合意のもとで税金等の公的資金を投入して整備・改築されるからである。

とはいえ、イラッやヒヤッは主観的なものである。そこで、私たちはこのイラッやヒヤッの実感を、人間の感覚に基づき科学的に立証しようと研究を始めた。どのような空間で人間は不愉快な思いをし、どのような空間であるなら人は快適に移動できるのか。人間は複雑な化学物質の集合体である。何かを考えたり、行動したりするときには、必ず身体のどこかで化学反応を起こす。この化学反応こそが、すなわち生体反応である。たとえば何か考えているときには、脳の特定の部位に血液が集まる。ぼーっとしているときは心臓の鼓動の間隔が大きくなるし、緊張すれば鼓動の間隔は短くなる。生体反応を分析することで、人間がどのような状態であるかを解析することができるのではないだろうか……。

しかし生体反応というのは、複雑きわまりない。たとえば、ストレスを解消しようとする本能的な防衛反応もその一つ。ストレスを与えられ続け、それをためこんでしまった人間は、肉体や精神に異常をきたす。だがそうならないように、本能的にストレスをコントロールできる力も人間にそなわっている。だからこそ、生体反応の特徴や傾向を把握するのは容易ではない。しかし近年では、運転ストレスの計測や緑空間の効果などについての研究も進み、複雑な生体反応は徐々に解明されつつある。

❖運転ストレスの「見える化」で先手必勝の「安全対策」

先述のように、ドライバーのイラッやヒヤッは、個々人の認識レベルによるものである。またそれは、道路を運転中のわずかな時間に発生し、その場所を特定するのは難しい場合が多い。しかし現在、急速に進化するバイタル計測機器を、運転中のドライバーに何らかの方法で設置してデータを取得できるなら、このような事象を特定することができるかもしれない。GPSと連動させれば、ドライバーの多くが、イラッやヒヤッとする道路を特定することができるだろう。そうなれば、危険な道路空間は改善され、交通事故は大きく削減できるにちがいない。

そこで私たちは、名古屋大学との共同研究により、バイタルデータを用いた運転ストレス区間の見える化をめざしている［図4-1］。

この実験では、一般ドライバーの協力を得て、心拍数や脳血流（NIRS）、発汗量、呼吸状態等を取得し、ドライバーのストレス状況の見える化を図ってきた。また最近の自動車には、走行速度や加速、急ブレーキ・急ハンドル、燃費などの車両の走行状態を記録したCAN（Controller Area Network）と呼ばれるデータがある。このデータを組み合わせることで、さらにドライバーの運転状態（ストレス）を精度高く予測することができると考えたのである。

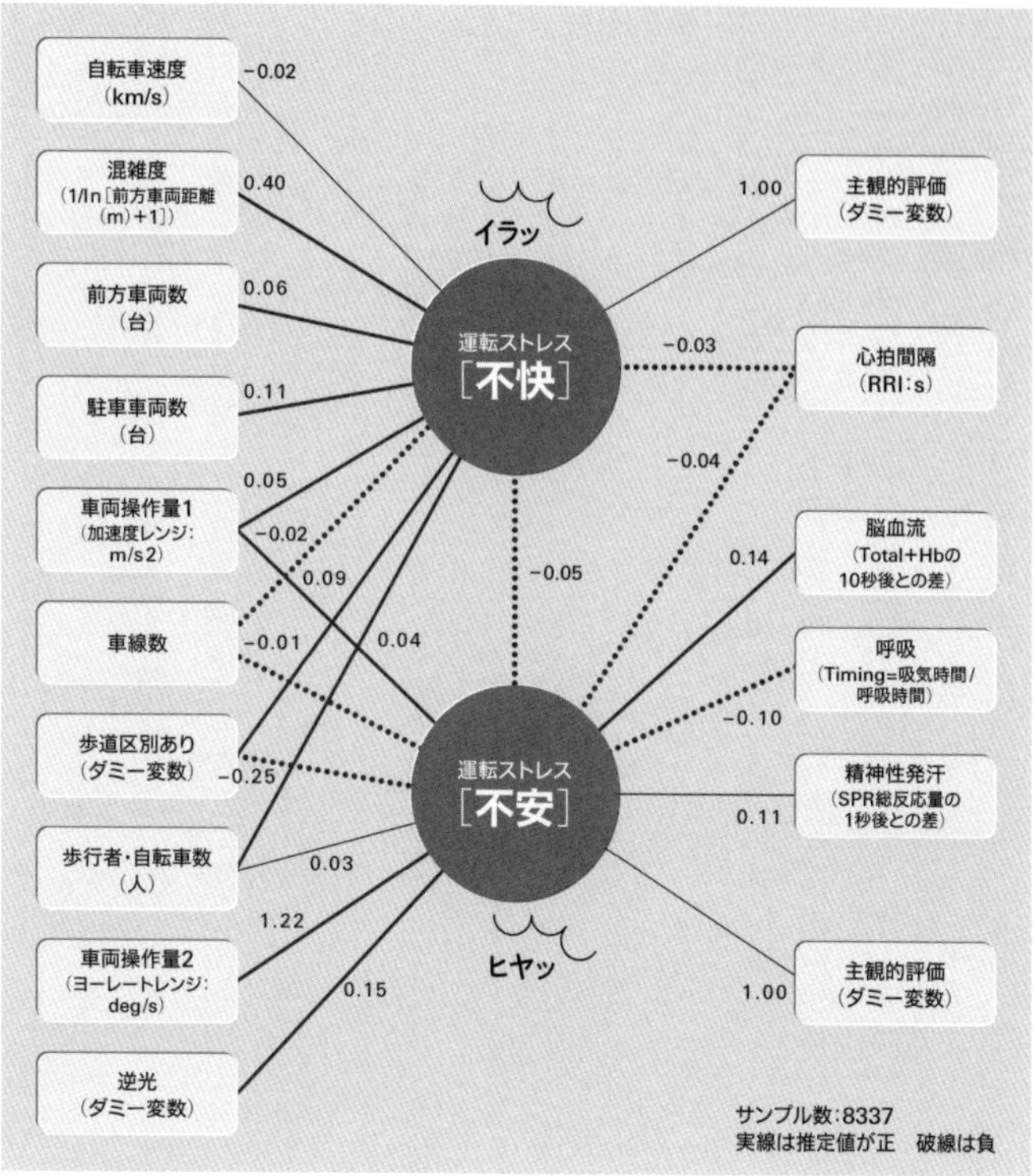

［**図4-1**］運転ストレスの構造モデル
出典：次世代モビリティ社会を踏まえた移動空間評価手法の開発研究
（名古屋大学：山本俊行、金森亮／日建設計総合研究所：安藤章）

❖運転ストレスの見える化

名古屋市での実験から、バイタルデータとCANデータを組み合わせることで、運転ストレスの解明をめざしてきた。モニターをお願いした一般ドライバーには運転終了後に、ストレスを感じた事象をドライブレコーダの映像を見ながら思い出してもらい、その場所を特定してもらうことにした。その結果、バイタル＋CANデータで、運転ストレス区間を特定化する数理モデルを構築することができた［図4-2］。

このモデルでは、「不快」がイラッとであり、「不安」がヒヤッとである。このモデルから、次のようなことがわかってきた。

イラッとするのは、渋滞している道路を走行中に前方に車両が多い場合である。さらにアクセルやブレーキの操作が多く、歩車混在空間（歩道と車道の区分のない道路）、歩行者や自転車が多い道路でイラッが発生しやすいことが示された。また、イラッの現象は、心拍数で代理捕捉可能なことが示された。

ヒヤッとするのは、歩車混在空間で、歩行者や自転車が多い空間、ハンドルやアクセルの操作量が多くなる空間、さらには運転中の逆光時にヒヤッが多いことがわかった。また、これらは脳血流や呼吸・発汗量などで捕捉可能なことが示された。

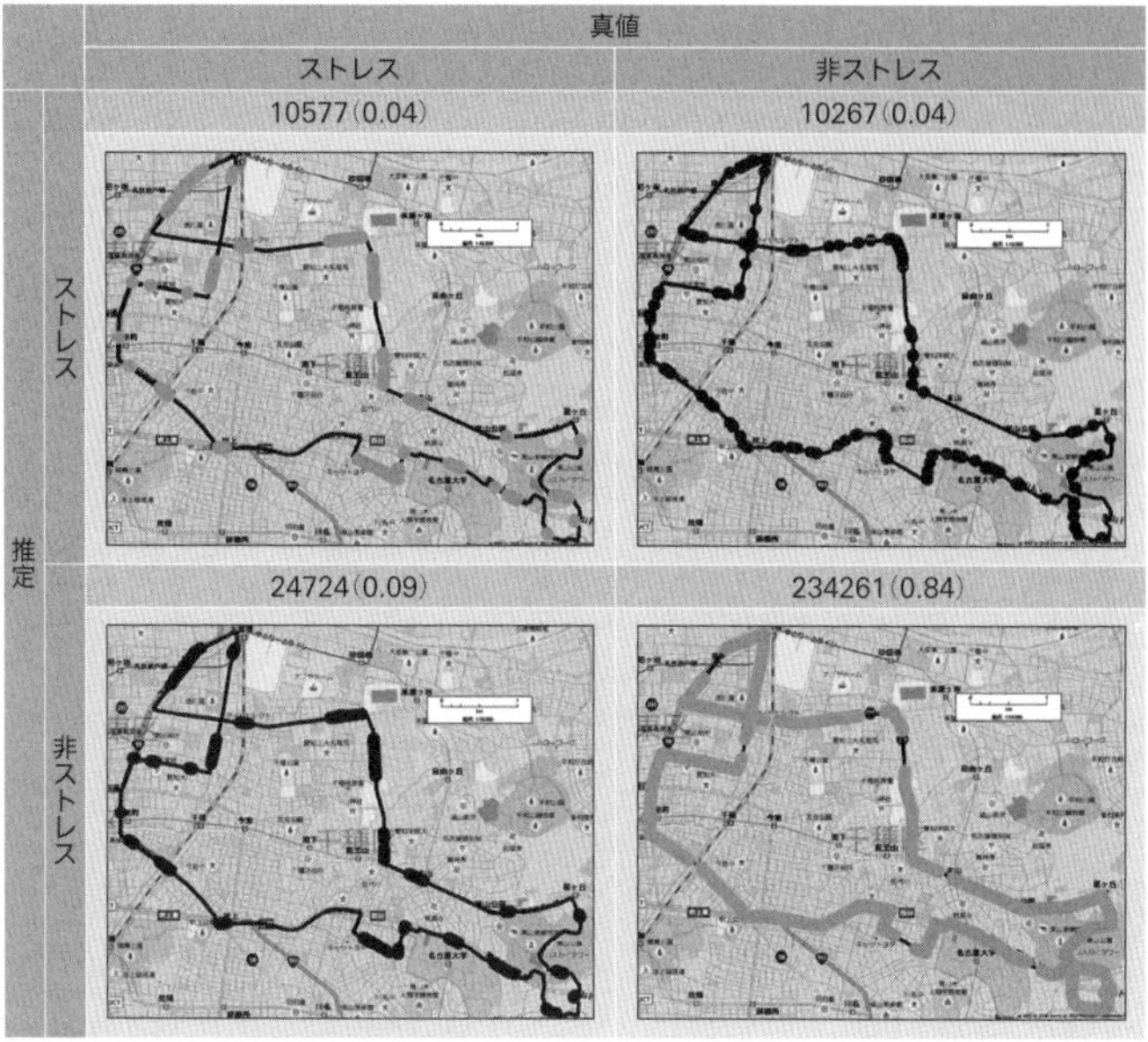

	ストレス	非ストレス
再現率	0.30	0.96
適合率	0.51	0.90
F値	0.38	0.93
正解率	0.87	

［**図4-2**］機械学習の一種サポートベクターマシンによる運転ストレス区間の予測結果
生体反応に加えて、CAN（Controller Area Network）から得られる車両挙動データを組み合せることにより、主観的ストレスに基づく運転ストレス区間を精度高く予測できることが示された。
出典：次世代モビリティ社会を踏まえた移動空間評価手法の開発研究
（名古屋大学：山本俊行、金森亮／日建設計総合研究所：安藤章）

❖ストレス多発道路の特定化

次に、これらのデータを用いて、ストレス多発（イラッやヒヤッとすることが多い道路空間）を予測できる判別モデルの構築を行った。

先の構造モデルのように、ストレス区間はバイタルだけでなく、運転挙動や走行時の道路環境等複雑な要因が絡み合うため、簡単な数理モデルでは予測が困難であった。そこで私たちは、人工知能（ＡＩ）を活用し、この判別モデルの構築を行った。

ストレスの多い区間の予測をしたのである。この人工知能モデルによって、運転ストレスの高い道路区間を精度高く予測できるようになった。

このように、バイタルデータの取得可能性や、ＣＡＮ等の車両の走行状態データ、そして渋滞区間や道路構造に関するオープンデータ等を組み合わせることで、交通事故の原因となるヒヤッ、イラッとする道路空間を特定することができ、その場所の道路空間改良により、またはドライバーに事前告知することで（カーナビや道路看板で注意を喚起する）、交通事故の削減に貢献できることは明らかである。

ただし、この技術の実用化には、バイタルデータを取得できる車両側の仕掛けが必要であり、技術開発は自動車メーカーと共同で進めることが必要不可欠である。最近では、ハンドルから心拍や発汗データを取得するメーカーもあるという。このような技術が一日も早く実現されることで、一人でも多くの人の命を救え、ドライバーの「幸福な」運転につながることを期待する。

❖緑の都市空間が市民に及ぼす影響

大きな樹冠（樹木の上部で葉が生い茂っている部分）を掲げた並木道を見上げると、そのまちの歴史や風格を感じるとともに、心が安らぎ、また爽やかな気分になるという経験をした方も多いのではないだろうか。とくに夏には、〝樹冠豊かな街路樹〟がもたらす、微かな涼みに心も和らぐ。

街路樹には、CO_2の削減効果、精神的な安らぎ、生態系確保、ヒートアイランドの緩和効果等、さまざまな効果があると言われている。高度成長期のわが国では、急激な都市化で減少する都市内の緑を確保するため、さらには公害問題への対策として、アオギリ、ナンキンハゼ等の比較的成長が早く、樹冠に広がりがある樹木が好んで植えられた。しかし、最近は、道路の維持管理のコスト削減や交通安全対策等の観点から、樹冠に広がりのないハナミヅキやサルスベリ等の、コンパクトで成長の遅い樹木が植えられるようになっている。

一方で、最近の私たちの研究では、〝樹冠が豊かな街路樹の並木道〟等、都市の緑には経済効率性だけでは語り尽くすことができない、そこに暮らす人々のＱＯＬや健康増進を高める効果があることが検証された。従来これらの効果は、定性的にしか示されることがなかったが、これも生体反応データの取得が可能になったことで、技術的に改善が示されるようになったのである。

❖ライフログセンサで人々の暮らしを測る

首都圏西部の丘陵地区に居住する六〇名のモニターを対象に、夏季一週間のダイヤリーやライフログデータを取得した。このデータを活用して、モニターの外出頻度、そのときの移動手段や経路、さらにはバイタルデータ（生体情報）から、街路樹など都市内にある緑が、市民の暮らしに与える影響を分析した。なお、都市内の緑の効果を計測するため、モニターは、緑の多い地域と、そうでない地域のそれぞれで募集した。

❖緑や水辺空間が市民生活に及ぼす影響

ダイヤリーやアンケートの分析結果から、緑が多い地域に居住する人たちと、そうでない人たちでは、生活様式や生活感、生活満足度（ＱＯＬ）に相違点があることが示された。それを示す因果関係の構造モデルが組み立てられてはいるが、専門的で難解なので、そのポイントを示す。

緑の多い地域に住む人たちの特徴として、

▼散歩や運動などの外出頻度が高い
▼地域への愛着が強く、コミュニティ意識も強い
▼健康や環境に対する意識が高い
▼概して生活満足度（QOL）が高い……etc.

これらの点から、都市の緑は、市民のQOLの向上や健康、環境意識の醸成に有効に作用していることを、定量的に立証することができた。

❖緑がもたらす健康増進効果

市民のライフログデータからは、緑の多い地域と、そうでない地域の住民では、毎日の駅までの歩行距離の特性にも相違があることが示された。具体的には、「緑の多い地域の住民は、相対的に、歩行や自転車による移動割合や距離が長くなる」という傾向にあることが示された。要するに、自動車を利用しない、環境と健康にやさしい移動をしていることになる。

この分析結果を踏まえ、歩行による医療費削減効果（〇・〇六一円／歩）等の既往研究の諸元値を用いて、緑がもたらす医療費削減効果を試算した。これは、筑波大学の久野譜也《くのしんや》教授の研究成果である。

その結果、自宅から駅までの道路の緑化率を三〇%に上げることで、住民一人当たり二〇〇〇円/年間の医療費削減効果があることが示された。また、道路の緑化率を高めるほど、医療費削減効果が高くなることもわかった。

近年、都市の街路樹は、行政コストの削減が進むなか、維持管理が容易なコンパクトな樹種が好まれる傾向にある。しかし、街路樹をはじめとする都市の緑には、人々の暮らしを豊かにする(QOLの向上)、そしてまた健康を増進する効果があることが定量的に立証された。

この研究が示すように、街路樹を単に〝道路に附属する樹木〟として、道路維持管理予算の枠だけでとらえるのではなく、医療、環境、さらには市民のQOLを高める視点で、横断的な予算枠の中で捉えることが必要なのかもしれない。

高齢化社会における医療費削減の要望が高まるなか、私たちは、もう一度、〝緑とまちづくり〟の意義を考え直す必要があると言えそうである。

●交通事故を削減するために

モビリティの視点から「幸福」を考えるなら、交通事故は人をもっとも不幸にする出来事ではないかと思い、交通事故の削減を目標に研究を行った。

警察庁の資料(二〇一九年二月末日)によれば、わが国の二〇一八年中の交通事故の発生件数は四三万六〇一件で、死者数は三五三二人、負傷者数は五二万五八四六人であった。前年に比べると、発生件数で四万一五六四件(八・八%)、負傷者数では五万五〇〇四人(九%)減少しており、交通事故発生件数と負傷者数は一二年連続で減少している。また死者数についても、過去最多の一九七〇年と比較して五分の一近くまで減少している。これらは近年の自動車の安全性能の向上、交差点をはじめとする道路危険箇所の改良、さらには飲酒運転の取締りに代表される交通取締りの強化が奏功したものと考えられる。

しかしながら、二〇一五年の交通事故による死者数は、一五年ぶりに前年に比べ四人(〇・一%)増加し、第九次交通安全基本計画に定める「交通事故死者数を二〇一五年までに三〇〇〇人以下にする」という目標を達成することはできなかった。

一方、近年の交通事故の特徴は、六五歳以上の高齢者(以下「高齢者」と称す)の運転による死亡事故発生の割合が高いことである。他の年齢層に比べて致死率が約六倍と言われ、この数は年々増えている。児童を巻き込んだ生活道路等での交通事故の発生は、じつに痛ましい。

今までは、道路行政と交通安全行政の尽力によって、交通事故および死者数を減らすことができてきた。しかし今後の交通事故削減に向けては、行政による取組みだけでは限界がある。住民側の意識改革と、これを促すための具体的な普及啓発が必要になるだろう。これまでの研究によれば、交通違反歴の多い人ほど、交通事故加害者となる率が高いことが指摘されている。住民や企業を対象とした安全運転の啓蒙と合わせて、交通違反削減に取り組む必要があるだろう。

❖交通違反発生の解明

交通事故に直結する危険性が高いドライバーの安全運転義務違反が、どのような場所や事象で発生するのか、今後の安全運転普及啓発活動の基礎的知見を得ようと、一般市民のドライブレコーダーで常時撮影された運転映像とＧＰＳデータ（速度、加減速データ）を活用して調査・研究にあたった。

まずは、交通事故に直結する交通違反（以降、危険運転と記す）の発生特性を解明し、交通事故削減に向けた基礎データを取得する。そのため、ヒヤリハット事象の前段に位置する「危険運転事象」の捕捉を目的としている点が、私たちの研究の特徴と言える。

危険運転の発生特性を研究論文レベルで扱ったものは、業務車両を対象にしたものはあったが、一般車両は今までになく、当該知見は市民への意識啓発のみならず、取締りを効果的に実施するといった点でも有効なものになるはずである。また、ドライブレコーダーの映像データの解析にも、この研究ならではの特徴がある。

従来は、主にタクシーなど業務車両を対象とし、急減速事象をトリガーとして該当部分の映像のみを抽出し、危険要因を確認するという方法であった。だが、私たちの研究のように、危険運転の発生特性に焦点をあてると、急減速事象が発生していないところで、危険運転が行われていることが予想されるのである。また、そもそもタクシードライバーでなく、一般市民の運転性向(危険運転発生特性)を解明することを目的としているため、私たちは一般市民ドライバーを対象とし、一定期間のドライブレコーダーに保存された全運転時の映像を目視確認することにした。危険運転事象を網羅的に捉え、その特性を把握するという解析アプローチも既往の研究にはなく、新しい知見が得られるはずである。

愛知県在住の運転者であり、週三日以上、かつ一日三時間以上運転するドライバーを対象に一般募集を行い、ドライブレコーダーを一週間貸与し、通常の生活・運転を行ってもらった。つまり、交通事故削減の視点から、危険運転の発生特性をドライバーの個人属性や発生場所、時間帯等の視点から解明しようとしたのである。その結果、次のようなことがわかってきた。

❶——危険運転は性・年齢や運転歴(免許取得後の年数)、運転目的等によっても異なる。一時不停止は若年層や高齢者で多く、速度超過は若年層で多かった。また運転歴の浅い人では一時不停止や速度超過が多かった。さらに通勤目的時にも一時不停止や速度超過、信

号無視等の危険運転が発生しやすいことがわかった。
❷——一時不停止は、自宅から五〇〇m以内で多く発生しており、また朝夕の時間帯に多いことも立証された。これは既存調査が示す交通事故の発生しやすい場所や時間とも一致することがわかった。
❸——信号無視も朝夕に多い。これらの時間帯に自動車交通量が多いことに起因する従属事象だという点を棄却できなかった。
❹——歩行妨害は、歩行者の多い時間帯または駅前の裏街区や生活道路で発生する傾向にある。学校周辺の生活道路においては、生徒への危険性が懸念される。
❺——速度超過は朝の通勤時間にきわめて多く、交通量や交差点が少ない高速道路等の走りやすい道路で発生しがちであった。

これらの研究成果から特筆すべきは、交通違反と交通事故は自宅周辺で起こる可能性がきわめて高く、ドライバーの心の油断が原因と思われる。今後の自動運転社会の到来を控え、こうした事故を回避する対策が必要である。

4.3――G空間技術を活用した次世代モビリティ

●準天頂衛星の高精度測位技術を活用

突然だが、GPSは米国の衛星であるということ、また「G空間」という言葉をご存じだろうか。Geospatial（地理空間）の頭文字をとったものである。近年、ロケーションサービスが注目を集めているが、GPSは今やあたりまえ、今後はGPSを超えるさまざまな位置情報サービスが、国策として進められようとしている。

準天頂衛星とは、わが国初の国産測位用衛星のことで、つねに日本上空にいることから「〝準〟天頂」と命名されている。衛星が天頂にい続けることにより、ビル等での遮蔽がなく高精度で位置情報が計測できる。つまり、準天頂衛星（QZSS：Quasi-Zenith Satellite System）の活用により、位置測位の精度が高まるのである。これまでの研究では、現在のGPSではメートル単位での誤差が発生するが、準天頂衛星になると数センチ単位で位置捕捉が可能になるといわれている。ちなみに、現在の携帯電話の位置情報は数メートルでなく、「もっと精度が良い」との指摘もあるだろうが、それはGPSだけでなく、携帯電話基地局を組み合わせた位置捕捉であり、携帯各社の努力の結実と言える。

日本が独自の準天頂衛星の開発を進めるのは、そもそもGPSは米国製のものであり、有事の利用が限られるおそれがある。そこで自前で高精度な測位衛星を持ちたいという、わが国が進める準天頂衛星測位の背景にはこのような事情がある。

❖自転車利用を促す自転車ナビの開発と実証

近年、環境問題や地域活性化等の視点から、自転車利用の促進策が注目されている。特にインバウンド戦略の一環として外国人観光客の回遊性向上支援のため、自転車政策が論じられることが多く、都内でも導入が進んでいる。コミュニティサイクルや自転車レーンなどの走行環境整備等は、二〇二〇年の東京五輪を見すえた一連の観光政策でもあるだろう。

一方、わが国において外国人観光客を視野に入れた自転車利用促進を考えると、次のような懸念が頭をもたげる。自転車走行ルール・マナーは各国により異なるが、中でもわが国の現状ルールは、走行空間インフラの脆弱さもあり、世界的に見てきわめて特異なものと言えるだろう。そのため、外国人観光客に対し、わが国のルール・マナーの遵守を徹底してもらうことが、交通安全の観点からもきわめて重要になる。一方、短期滞在の観光客に、自転車ルール・マナーの教育をどこまで徹底させることができるのだろうか、きわめて疑問であるし、難しいと思う。外国人観光客の自転車観光周遊では、目的地までの道路標識等の観光案内も必要になる。だが、歩行より速い速度で移動する自転車では道路標識の視認性にも限界がある。さらに標識の多言語化を考えると、この対策のハードルはさらに高く厳しい。そして、観光地には道路勾配が比較的多いものである。自転車走行時には道路勾配の少ないルートや自転車レーンの整備された道を優先的に案内することが、ホスピタリティ向上の視点からも重要ではないかと思われる。これらの課題に対する一つの解として、自転車ナビゲーション（以下、自転車ナビ）の開発が上げられる。

自転車は歩道走行でなく車道走行が望ましいと考えられている。さらに専用の自転車レーンがあるなら、そこを走行すべきである。しかし、自転車がどの「レーン」を走行しているのかを確認するには、高精度の位置測位が必要になる。従来のGPSであれば、五〜一〇mはあたりまえにずれるので、自転車道の幅員が二m、歩道の幅員も二〜三・五mだとすると、GPSでの走行レーンの識別はまず不可能である。そのため、高精度の測位情報が必要となる。

私たちは、準天頂衛星による高精度測位技術（G空間）を活用し、スマートフォンで情報提供を行う自転車ナビの実証実験を東京・台東区で実施した。このサービスでは、自転車利用者に対し、多言語で目的地までのナビゲーションを行うほか、勾配のきつい坂が避けられるルート案内、そして自転車レーンがある時にはそれを活用するガイダンス機能等を搭載した。また、自転車走行中にスマホを見ることは交通違反であるから、開発システムでは音声案内だけがわかるナビの工夫を施した。ウェアラブルグラスによる誘導案内システムも開発したが、交通管理者から交通安全上の懸念を指摘され、公道実験はできなかったものの、市民や観光客の評判は上々であった。

ところで自動車ではあたりまえになったカーナビが、なぜ自転車にはないのか。じつはカーナビは、GPSだけで測位を行っているわけでないことをご存知だろうか。カーナビは、GPSのほかハンドルやタイヤの回転等、さまざまな車両情報を組み合わせて実現できている、いわば先端技術の結晶なのである。もし自転車にこのような機能を搭載しようものなから、車重は一気に増え、高額なものとなって、ナビ機能は備えたが全く使えない自転車になる恐れがある。

しかし、G空間技術を活用すれば、あきらめられていたサービスが実現できるのである。高精度測位技術は、自転車だけでなく、歩行者にも有効な案内サービスが実現される。車道を挟んで、道路のどちら側の歩道を歩いているのも簡単にわかる。そうすれば、ルートガイダンスの認識能力も向上できるだろうし、歩行困難者にも精度の高いバリアフリー情報が提供できる。

そう考えると、G空間を活用した高精度測位社会は、「幸せのモビリティ」の扉を開く大切な技術といえるのではないだろうか。政府によると二〇二三年には国内準天頂衛星を七機体制とし、米国のGPSに頼る必要がなくなるといわれている。高精度測位社会の本格到来に合わせて新しい「幸せのモビリティ」サービスが、次々に開発されることを期待してやまない。

第5章

モビリティ社会再構築への提言

5.1——幸福最大化をめざして

●経済効率に翻弄された都市とモビリティ

まちにおける「道」は、人びとが歩き行き交う出会いの場であり、人の目線と移動速度で構築された空間であった。もちろん道には、都市に通気を与え、気候を適正にコントロールする機能もある。火災や災害に対しては、延焼遮断の役割も消火・救命活動を行う機能も、電気、水道、ガス、通信といったインフラを収納する機能もある。しかし、それらが目的であったとしても、今ほどの道路幅員を高密度に配置する必要があっただろうか。

日本の都市行政が自動車社会へと傾斜していったのには、それなりの理由がある。戦後の平和な暮らしのもとで、人口は着実に増加し、人びとは広い敷地でのマイホームを手にするため、郊外へと拡散していった。そこには、マイホームを規格形式で建造する不動産業者が、そして郊外で豊かな消費を実現するための商業事業者が、ビジネスチャンスを獲得しようと開発を競ってきた。そして何よりも、このような豊かな暮らしを実現するうえで、大きな役割を担ったのが自動車だった。

自動車は、郊外の公共交通のない空間の移動を確約してくれる。その快適性は、鉄道やバスなどの比ではない。雨の日でも濡れることなく、夏の暑い日でもカーエアコンの快適な空気に包まれて汗をかくこともない。そして車内でも好きな音楽を聴き、快適に移動ができる。場合によっては、朝の忙しい時間に某大手ファストフードチェーンのハンバーガーをドライブスルーで購入し、車内で朝食を済ませることだってできる。

自動車がもたらす豊かだと信じていた暮らしのために、都市はヒューマンスケールの道を捨て、市街地再開発や区画整理を繰り返してきた。地域の歴史や文化を分断し、画一的な自動車主体の都市構造に変わってしまったのである。

しかし、私たちは今CASE（Connected, Autonomous, Shared, Electric）という、百年に一度の自動車産業の技術革新のときを迎えている。過去百年で都市の姿が自動車によって大きく変えられてきたように、今度は人間と新しいモビリティ社会のために、次の百年の都市を創り出すチャンスが来ているのではないだろうか。

●「幸福の4原則」から都市とモビリティを考える

都市は人類の幸福のために建造すべきものという視点から、ふたたび都市を俯瞰すると、自動車を中心に造り変えられてきた現在の都市は、本当に人びとの幸せのためのものと言えるのだろうか、という思いにかられる。

そこで、幸福研究の視点から、都市とモビリティについて、再考してみたい。

［幸福の原則1］――生命の持続が確約されていること

先にも記したように、過去最悪時（一九七〇〔昭和四五〕年）には、年間一万六七六五人の交通事故死亡者数を記録し、深刻な社会問題になっていた。その後は、自動車そのものの安全性能の向上や道路構造の改良により、死亡者数は年々減少し、二〇一八（平成三〇）年現在は最悪時の四分の一以下の三五三二人である。といって安心できるレベルの話ではない。大幅に減ってはいるが、阪神淡路大震災（一九九五年一月）の被害死者数は六四三五人、伊勢湾台風（一九五九年九月）では五〇九八人である。これらは、日本の歴史上未曽有の国難と言われた災害である。これらに次ぐ数の犠牲者が、交通事故によるのである。しかも、ほぼ毎日のように死亡事故が起きている。

現在の世の中で、モビリティにおける「生命の危険」という認識はずいぶんと改良されていると思うが、いまだ「安らかな移動」とはほど遠い。ストレスのない「安らかな」、「楽しい」空間の提供があってこそ、生きがいのある都市のモビリティが実現できるのではないかと考える。

［幸福の原則2］——未来に対する夢が持ち続けられること

金銭的に豊かであっても、夢が持てなければ幸福ではないだろう。誰もが、将来に対する多くの不安や悩みをかかえつつ生きている。収入は安定するだろうか、子供が成人するまで養育できるだろうか、老後は安心して暮らせるだろうか……。いずれも、いま現在はよくても、見通しのきかない未来に対する不安である。

私は以前、めざすべき未来のモビリティの姿を探るため、駅から離れた郊外の戸建てに住む、子育て世代の主婦へのインタビュー調査を行った。「広々した庭付き戸建て住宅」に住み、二台のマイカーを持って自由に出かけられる暮らしを、主婦たちは「何の苦労もない」と答えていた。子供の移動も車で送迎すればよい。電車やバスで子供を送迎する都心暮らしはかえって大変だと言う。しかし、三〇年後、四〇年後の暮らしを彼女たちにイメージしてもらうと、まったく異なる「不安」な将来像が彼女たちに襲いかかってきたのである。自動車の運転ができなくなるであろう老後、駅から離れた地での自分たちの暮らしに、一抹の不安がよぎるである。

自動車がもたらした豊かな暮らしと未来のパラドックスがここにある。

都市を扱う者としての私たちには、こうした点を踏まえて今から将来の都市とモビリティデザインのやり直しが求められている。

［幸福の原則3］――独立した自己であり続けられること

地方都市の山間部の高齢者の暮らしを研究対象としたことがある。

家族に送迎を頼むのは心苦しいからと、高齢者が一人で日に一本のコミュニティバスで通院する姿を見たことがある。とはいえ、家族への遠慮もあるにはあるが、じつは通院の途中のまちで買いものもしたい、自由な意思で移動をしたい気持ちもある。

二〇一一（平成二三）年、国土交通省が高齢者の移動特性に関する研究成果を発表している。その中に、高齢者はコミュニティバスのように日に一〜三本ほどしか走っていない移動手段より、自転車や徒歩のように、自分の意志で移動できる交通手段を好む傾向にあるという事項があった。逆に、利便性の悪い交通手段を整備したとしても、それはほとんど利用されず、逆に高齢者のひきこもりを促してしまうという。私も過去に、高齢となった親族の介護を行った経験があるが、目を離すと、いつも自転車で外出をして転倒事故を起こしていた。理由を聞くと、自分が思い立ったときに移動したいのだという。それは、人間にとってごく自然な欲求ではないかと感じたものである。

都市とモビリティにおいても、「自分の移動」の独立性を確保することがきわめて重要なのである。

［幸福の原則4］――社会とのつながりが実感できること

社会との接点、すなわち「絆《きずな》」も重要な幸福要素である。人間は元来、支え合って生きている。他者と良好な関係を築くことができる空間は、幸福を考えるうえで重要である。

都市における「道」は、人と人が出会い、会話を交わす空間であった。子供も、公園がない時代は、道端で遊ぶのがあたりまえだった。悪いことをすれば、近所のおじさんに怒られる。道という「共有空間」には、「交通を処理する」空間だけでなく、「社会を育む」機能もあったのである。

「旅の出会い」などという洒落た出来事もある。旅先で出会い、移動を共にすれば、景色を共感し、お互いの身のうえ話に花を咲かせることもあるだろう。しかし、経済効率を求める自動車社会では、移動空間における人と人の出会いなど二の次である。より速い移動にこそ価値を置いたのではないかと思う。

満員電車の中で体を押し合う他人と会話を楽しむ気持ちにはなれないが、道端の移動空間が観光地などの回遊性や娯楽性の高い空間であれば、ごく自然に声をかける気持ちもわくはずである。

最近、電車の中で「スマホ」をいじる人が多い。移動中はスマホでヴァーチャルなつながりに没頭し、隣にいる人や、リアルな空間に何の興味もいだかず、移動は、目的地に行くための手段でしかない。

在宅勤務やネット通販がさらに進展すると、移動しなくともよい世の中になる。しかし、人間というのは自宅にこもってばかりはいられない。精神的にも気分転換として外出をした方がよい生きものである。移動そのものが目的になるような都市とモビリティの関係があってもよいはずである。

たとえば、都市生活者の活動時間の四分の一は通勤や移動に費やされているという事実がある。ならば、この移動そのものを楽しめる空間はできないものか。きわめて重要な課題ではないかと思う。

●幸福なモビリティ社会の3か条

次の百年で都市計画、交通計画の研究者や技術者が、幸福なモビリティ社会を検討するうえで守るべきことがある。それを「幸福なモビリティ社会の3か条」として提案したい。

[第1条]――未来永劫に「移動の権利」が確約された社会

将来にわたって、安定した移動ができる環境が確約されていることが、安心できる暮らしの実現につながる。郊外の広い敷地に住み、自動車を利用した満足のいく暮らしができていても、免許返納後の老後に、買い物や通院すらままならない暮らしが待っているなら、それは、現在も含めて本当に幸せな暮らしとは言えないはずである。

人びとの暮らしや、都市や居住環境は時代とともに移り変わる。それは、自動車の普及といった一面を捉えただけでもわかる。拡幅する道路、郊外に拡散する都市など、この半世紀だけでも都市の姿は目まぐるしく変わってきた。そしてこれらは全て、経済原理を唯一の指標としてきたものであり、その先に潜んでいる危険には誰も目を向けようとはしてこなかったのではないか。

人口減少社会と経済成長の持続性にかげりが見え始めた今、自動車社会で支えられてきた拡散型都市の維持には限界があることを、都市・交通政策やまちづくりに従事する人たちもようやく気づき、議題に上げるようになった。

コンパクトシティやTOD（Transit Oriented Development：公共交通指向型開発）が議論されている。また、高齢者が起こす交通事故が深刻な社会問題となり、高齢者の自動車免許の返納をいかに徹底させるかが交通行政上の重要な課題にもなっている。これらの問題に対処するには、過去の都市・交通政策の中に欠陥があったことを認めざるを得ないのではないだろうか。

たとえば、自動車社会がもたらしたいま現在の都市の限界は、じつは容易に予想できていたのではないかと思う。人口減少は、一九七〇年代には予測されていたにもかかわらず、一九八〇年代、自動車の本格普及と時を合わせて郊外の開発が進展した。将来、人口が減るのであれば、いずれ都市はスポンジ化することは、少し真剣に考えをめぐらせるなら、わかることであった。TODの概念も、一九九〇年代初頭に米国の都市プランナー、ピーター・カルソープが提唱したものであるのに、TODについて議論し始めたのはここ数年のことである。

また、TDM（Traffic Demand Management：交通需要管理施策）という概念も、一九八〇年代には米国で提唱されていた。近年、深刻化する交通渋滞を減らすため、発生源である都市開発を適正にコントロールすべきことが、すでに語られていたのである。

これからは、冷静にモビリティ技術の趨勢と人間の欲望を照らし合わせ、将来を予測し、モビリティデザインに当たらなければならない。モビリティ分野では今後、CASEが進むことは間違いない。自動車メーカー等は、CASEの進展により渋滞がなくなるバラ色の社会を提案するに違いない。だが、本当なのか？　CASE社会での人間の欲望が何を引き起こすのかを冷静に予測する必要がある。

［第2条］――人類への脅威を副産物としないモビリティ社会

二〇世紀後半から始まった急激な自動車社会は、数多くの社会矛盾を生んできた。交通事故、沿道で発生する騒音、SPM（Suspended Particulate Matter：浮遊粒子状物質）、NOx、SOx等の汚染物質、渋滞問題、そして近年深刻化しているCO_2起因の地球温暖化問題など、その数を挙げればキリがない。

一方で、これらの社会問題は、自動車メーカーの絶え間ない技術革新により、着実に改善されている。思うに、CO_2やSPMやNO_x等の排出源問題は、いずれ自動車の電動化や燃料電池化によってなくなるはずである。重要なのは、その転換と普及のスピードである。それにはインフラ整備のほか、購入・買い替え補助等の従来の行政支援手法との並走が必要であると思う。

日本は世界的に見て珍しい鉄道先進国である。明治維新後、先進国へのキャッチアップを最大目標に掲げ、当時、産業革命の象徴でもある鉄道を、道路整備に先駆けて導入した。その後、戦後始まった自動車王国への道のりに至るまで、世界に冠たる鉄道王国として質の高いサービスと、これを実現する高度なシステムの開発を行ってきた。海外プロジェクトにおいても、各国政府要人は、日本の鉄道システムに高い関心を示し、その導入に意欲的である。

しかし、その日本の鉄道政策が、深刻な状態に陥っている。地方部を中心に、鉄道需要は急激に衰退し、北海道や九州、四国等では相次ぐ廃線で、市民の移動確保が困難な状態である。一番の被害者が、高齢者や学生といった「交通移動弱者」と称される、自動車の運転免許を持てない人たちである。こう考えると、「人類への脅威を副産物としないモビリティ社会」というのは、未来永劫に確約された移動権（何人にも、自由・平等に移動できる権利を付与するとの理念であり、一九八二年にフランスで制定された国内交通基本法が有名である）と密接な関係にあるべきものではないだろうか。

もう一つの副産物として心配されるのが、「渋滞」である。

自動車の利便性は、公共交通に比べて「圧倒的」なのである。CASEにより、渋滞が減少するのであれば、どのような事態が発生するか、賢明な読者なら、すぐに想像がつくはず。いわゆる誘発交通需要（自動車利用が便利になることで、自動車利用者が増加する交通現象）の問題が再び懸念されるのである。市民はますます、自動車に流れ込むであろう。結局のところ、自動車の利便性を市民は求め、渋滞というかたちで利便性が低下するまで自動車に頼り続けてしまうのである。こうして、自動車快適神話は壊れないまま自動車利用が進み、公共交通はいま以上の打撃と衰退を余儀なくされ、CASE社会の限界が見え始めるころには、時すでに遅しなのかもしれない。

[第3条]――歓びのあるモビリティ社会

昔、小学校の教科書にあった「移動は、自転車でするのが好きだ」というエッセイの内容を今もときどき思い出す。自転車での移動なら、街の風景も、壁の落書きや道端の野花や虫にも目を配ることができる。歩行であれば、そのような景色を目にすることができるが、その移動距離は限られたものになる。自転車は、景色を楽しみながら、しかも広い範囲を行動することができる、と綴られていたと記憶する。

子供ながらに、この内容に深く共感した。四〇年経っても忘れず、交通政策に携わる自分の原体験のように染みついている気がする。幸福な都市とは、このエッセイのように歓びを感じられる都市だと思う。

さて、都市の中で道路が占める面積の割合がどれくらいかご存じだろうか。以前、名古屋市都心部で調べたところ、概ね市域面積の二五～三〇%が道路の面積であったし、ニューヨークのマンハッタンでは三八%であった。都市の中で道路空間はけっこうな割合を占めているのである。これほどの道路空間が、自動車のための空間であっていいはずがない。

私たち都市や交通に携わる専門家の多くは、経済効率性の観点のみから最適な都市の交通システムをめざしてきた。速い、安い、混んでいない、これが交通政策の重要な評価軸であった。これらの価値観は、これからも求められるのかもしれないが、価値観が多様化するなか、当然新しいモビリティの価値観が現れてくるはずである。米国の心理学者マズローが段階欲求を唱えているように、人間は一つの欲求が達成されると次の欲求を満たそうとする。速い、安い、混んでいないが達成されつつある今、次にどのような欲求を満たそうとするのだろう。次の百年の都市のモビリティを考えるうえでは、モビリティの愉しさと歓び、モビリティが手段でなく、モビリティそのものに価値を見出す取組みが必要ではないかと考える。

人口減少・高齢化社会で鉄道事業の需要は減少し、CASE社会で自動車の購買需要も伸び悩むであろう。今までのように、自動車VS公共交通、交通VS都市の対立構造でなく、自動車と公共交通と都市がお互いに手を携えあうことで実現できる新しい社会があるのではないかと思う。

5.2——未来世代に残したいモビリティ社会の姿

●高齢者が心地よく働ける社会へ

モビリティは、人類の文明史とともに不可欠であった。そして、産業革命や二〇世紀初頭の量産型自動車の開発を契機に、都市と社会システムは一気に自動車社会へと変貌していった。自動車にフィットするかたちで都市の構造は改変（ある意味で「改悪」）されていったと言えよう。

しかし、次の百年は、新たな再創造の百年になるだろう。CASEという大きなモビリティの技術革新が進み、人びとの価値観も変革期にさし掛かっている。無限の経済成長に対する疑問をいだき、経済成長以外の豊かさを求め始めている。それは、お金では計ることのできない「幸福感」であり、社会とのつながりや自己実現といった、内面的な豊かさにほかならない。

ただし、過去のモビリティ政策とその手法を全面的に否定し、放棄することは大変危険である。温故知新、過去の優れた点は温存し、変革すべき事項は大胆に変革する。そんなスタンスで、今後の都市とモビリティを考えたい。

●温故知新、「ブキャナンレポート」

大学で都市交通政策の勉強をしていたとき、バイブルとなっていた教科書に『ブキャナンレポート』がある。初めて耳にする方も多いと思うが、都市計画やモビリティ政策に携わる人であれば一度は耳にしているはず。私も、大学などで講義する際には、必ずこのブキャナンレポートの内容を取り上げる。

ブキャナンレポートとは、コリン・ブキャナン（一九〇七～二〇〇一年）というイギリスの都市計画家を中心とするグループがまとめた「都市の自動車交通」に関する計画思想であり、名著として知られる。戦後、世界的に自動車交通が急速に普及し都市の秩序と平安を乱す中、自動車交通公害がピークに達する一九六〇年代に執筆された。わが国は、経済発展と国民所得の向上が欧米諸国より周回遅れであったことから、実際の自動車公害問題は一九七〇年代から八〇年代に深刻化するが、日本の都市計画・まちづくりの中でも、このブキャナンの計画思想を踏まえて整備されたまちがいくつかある。

ブキャナンらが、このレポートをまとめたのが一九六三年。欧米諸国では一九六〇年代から七〇年代にかけて、自動車が急激に増加するとともに、社会全般が自動車による移動に依存する体質が強まっていた。とくに一九六〇年代の欧州では、都市中心部における自動車交通が増大し、交通渋滞や交通公害、交通事故が社会問題化していた。こうした中、イギリス政府の諮問を受け、コリン・ブキャナン委員会が作成したのが『ブキャナンレポート』なのである。

自動車社会の到来とその被害をじつに的確に予見していた本書は、半世紀以上が過ぎた現在も色褪せることがない。自動車社会が進展する入口の段階で的確に自動車が都市に及ぼす影響を言い当て、現在も十分に有効だと考えられている対策を提案している。

『ブキャナンレポート』の計画思想の中で、もっとも斬新であったのが、都市を「居住空間」と「廊下」という機能に分けて、都市と交通のあり方を議論した点である。すなわち、「居住空間」は、住居地域であったり、中心市街地であったり、人の活動をメインとする空間である。そして「廊下」は、「居住空間」相互をつなぎ、自動車で移動する道路空間である。また、同レポートは、自動車交通の中でもとくに「通過」交通という概念を明示し、それを排除することを基本理念としている。

ここでは、ブキャナンレポートの三原則を紹介する。

［原則1］――道路の機能層別化

居住環境地区に過剰に自動車交通が入らいないようにする一方で、居住環境地区内へのアクセスをよくするため、ブキャナンレポートでは、幹線道路、地区道路、局地分散路の三段階の道路網の構成を提案している［図5-1］。

今となっては、あたりまえの考え方かもしれないが、当時はそのような「段階的」な都市計画道路の思想はなかった。事実、わが国の旧都市計画法（一九一九年）のもとでの都市計画標準でも「街路の配置間隔は土地利用ごとに定める」との定義のみであった。要は、土地利用が高度な地域では道路網を密に整備する。また、土地利用が疎《まばら》な場所では道路網も疎にするという程度の考え方でしかなかったのである。「段階的」に道路ネットワークを構成し、住居地区や中心市街地等の人間中心の空間には自動車交通の流入を「排除する」という思想は、じつに画期的で、かつ理にかなっている。

［原則2］——居住環境地域の整備

都市の「部屋」となる居住環境地域では、通過交通がなく、かつ自動車は低速度で走行するという環境整備について説いている。

この思想を実現するため、現在の住居地域でもよく目にする、車道をグネグネと曲げて速度を低下させるボンエルフや、道路面を隆起させてドライバーの速度低下を促すハンプ等、道路形状の工夫で速度を低下させる手法が提案されている。また、最近、日本でも多く導入され始めているのが「ゾーン30」という、生活道路や中心市街地の街区内では、速度規制によって低速走行を促す有意義な取組みなどがある。

ゾーン30については、一方で、この低速度規制が導入されている地域でも、それを無視したスピードで、ゾーン30内を突っ走る車両が多いことが、今日の課題となっている。このような速度規制の手法として、現在、開発が進む自動運転車やコネクティッドカーの技術が期待されている。

[原則3]——居住環境、アクセス性、費用負担のバランスの重要性

居住環境は自動車交通からの隔絶によって保全される。当然、そこに居住し、買いものなどで

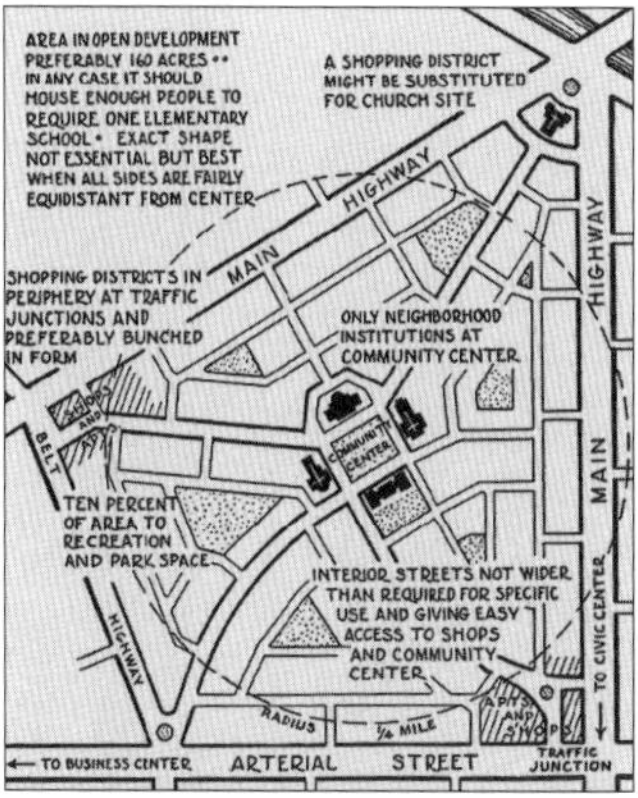

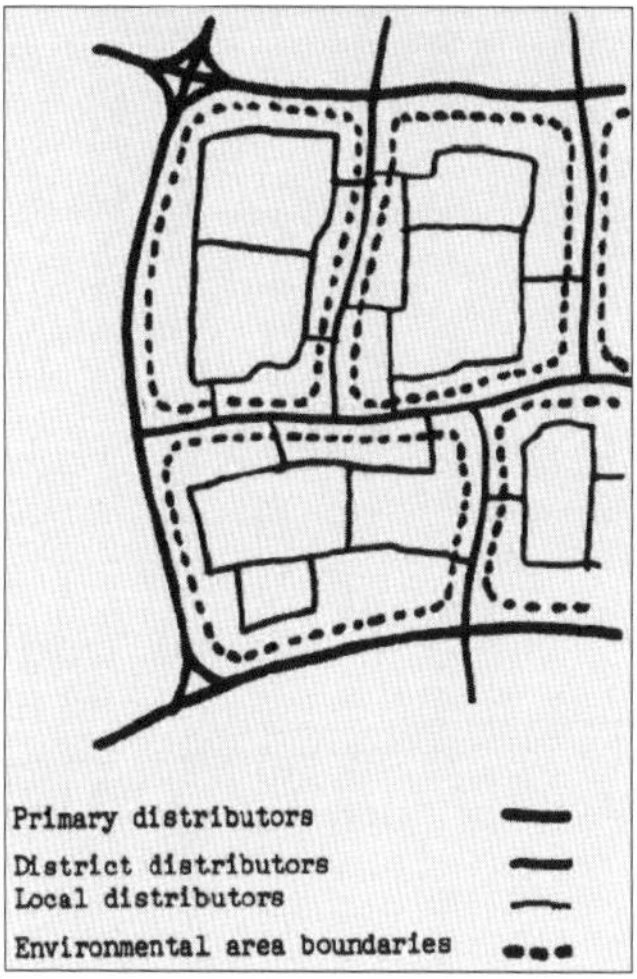

[**図5-1**] ブキャナンレポートで提案している段階的な道路網の構成

アクセスする人びとにとって、良好な環境でなければならない。また、このようなアクセス性の確保は、目的となり得る「沿道施設」側が費用負担をすることで、その実現に資する。駐車場附置義務制度等の考え方は、まさにこの費用負担の考えに基づいたものではないかと思う。

以上のように、ブキャナンレポートは、自動車交通を「通過するもの」と「目的地アクセスのためのもの」の二つに分け、都市の道路を「階層的」に機能づけて、都市の「部屋を守る」という計画思想である。さらに、その先見性に驚かされるのが、「誘発交通」の概念である。「誘発交通」とは何か……。

渋滞する都市において、渋滞解消のために新たな道路を整備したとしよう。すると、道路のサービス水準が向上（走行速度や目的地までの到達時間）するため、自動車利用者の利便性が渋滞前よりもさらに向上する。すると、さらに新しい自動車交通需要を「誘発」してしまう。すなわち、渋滞と道路整備のイタチごっこになるというのである。

まさに理に適った指摘である。事実、日本でも、九〇年代から、この誘発交通による新たな渋滞発生の問題が指摘されていた。ブキャナンレポートは、半世紀以上も前に、まだ自動車交通が世界の都市に浸透し始めた、まさにそのときすでに、この誘発需要という交通問題を予測していたのである。誘発交通への懸念から、ロンドンでは新たな道路整備を抑制するべきであるとの答申も行っていた。

●二〇五〇年に向けた都市とモビリティ

ブキャナンレポートは、都市生活者第一主義の交通まちづくりの計画思想であり、私たちにとっても、これからの都市とモビリティを議論するうえで、ぜひ参考にすべき思想だと考える。

一方で、この思想から半世紀の月日が流れ、社会には新たな課題が発生している。モビリティの技術革新CASEの動向も見すえ、ブキャナンの思想を現代化する必要がある。すなわち、「ポスト・ブキャナンレポート」の発想こそが求められているのである。

では、半世紀前のブキャナンレポート草案当時になく、いま現在起きている日本の都市問題は何なのか、私なりに列記してみた。

都市内に空き家・空地問題――人口減少社会において、都市内、とくにブキャナンが注目した居住環境地域には、近年、空き家・空地問題が発生し、今後さらに深刻化する傾向にある。モビリティ政策を考える際、地域の空き家・空地の有効活用といった点も合わせて考えられないだろうか。

超高齢社会問題――国立社会保障・人口問題研究所の調査によれば、二〇六〇年には国民の約二・五人に一人が六五歳以上の高齢者に、そして四人に一人が七五歳以上の高齢者となると推計されている。とくに、一九八〇年代以降に開発されたニュータウン等の郊外住宅地は、駅から遠く離れた場所も多い。空き家・空地も増え、人口密度も低下するため、バス等の公共交通機関が撤退する事例も散見されている。

公共交通の衰退は、高齢者の外出意欲の減衰要因になっており、ひいてはひきこもり、健康・精神障害、そして認知症誘発等の危険性が指摘されている。居住環境地域に内在する、新たな高齢者交通問題も、これからのモビリティ政策の重要課題である。

物流問題――アマゾンに代表されるネット通販は、国民生活に欠かせないものになっている。これに伴う商品の配送のための物流交通需要が急速に増加し、当然ながら居住環境区域にも物流交通が走り回る。不在宅への再配送がさらなる無駄な交通需要の発生を招き、区域内での交通事故発生等の社会問題にもつながる。

このような居住環境区域内での物流交通問題は、ブキャナンレポートの発表当時にはまったくなかった。また通過交通・目的地交通のいずれにも該当しない交通需要である。今後は、これらに対する適切な対策が不可欠である。

格差社会とダイバーシティ――労働生産人口の減少にともない、わが国においても外国人就労者の受け入れに関する議論が活発化している。私としては、外国人に頼る社会生産体制に移行していくのではないかと思う。私の実家がある愛知県は、自動車製造業のまちであり、多くの外国人就労者が生活している。たとえば、豊田市の保見《ほみ》団地は、自動車工場に勤める南米系就労者が多く、ある調査によると、名古屋港界隈は港湾労働者が、そして名古屋都心周辺部は飲食関係の外国人就労者が多いことがわかっている。愛知県や名古屋市等自治体も、彼らの社会的孤立化と日本人との隔絶に細心の注意を払っている。

この点は、モビリティ政策においても重要だと思う。外国人の場合、最近では自動車を保有するケースも多くなっているものの、いまだ公共交通の利用が中心である。日本のモビリティ文化やルールが解らない外国人にも、利用しやすいモビリティ環境を構築していくことは、日本の都市と文化の国際化を進めるうえで、きわめて重要な取組みになっていくと考えられる。

5.3――〝歩いて暮らせる〟まちづくり

●「ポスト・ブキャナンレポート」――私案の提言

ブキャナンレポートが示した、都市住民のための「居住環境を守る」思想は不動である。

一方で私が、これからのモビリティ社会の再構築に向けて重要だと考えるキーワードは「ウォーカブル（歩いて暮らせる）」な空間づくりである。皆さんもご存じの米国自動車産業の拠点都市デトロイトは、まさに自動車中心の都市であった。そのため、歩行者が行き交う姿も少なく、犯罪発生率も増加した。当地に構える自動車メーカーが経営難に陥ったこともあり、市の財政が破綻した。現在、その立て直しの最中であるが、その中でウォーカブルなまちづくりを重要なテーマとしている。アメリカの社会学者リチャード・フロリダが説く「クリエイティブ・シティ論」でもウォーカブルは重要なキーワードになっており、ウォーカブル都市の構築が、クリエイティブ層の創出に効果的だとしている。

そして、もう一つ大事にしたいのは、これからのモビリティ社会は、二〇世紀型の「歩行者対自動車の対立構造」では「ない」という点である。人は高齢化とともに、移動機能が低下する。しかし、外出や回遊行動が、高齢者の認知症防止に有効であるとの研究成果も数多く報告されている。モビリティ産業が提供できる「移動サポート機能」が、ウォーカブルを実現するうえで重要なツールになるのである。

これからは、人間とモビリティツールが共生できるモビリティ社会を「ヒューマンスケール」でめざしたい。また、都市設計もモビリティ政策も、そのような視点でリ・デザインすることが重要になる。

以上を踏まえ、これからのモビリティ政策の方向性に関する私案を紹介しよう。

私案❶――「マルチレイヤー」な交通システム

今までの都市政策分野でのモビリティをわかりやすく語るなら、自動車交通は「利用者の満足を追求するものであり、社会的費用の大きいもの」、公共交通は「移動弱者の味方であり、自動車に押される弱いもの」といった二極対立の構造になるだろう。ブキャナンレポートでも、自動車の悪弊に着目し、居住環境を守るため通過交通を排除するとの考えが示されていた。

しかし、これからは、「自動車」の定義が今よりも複雑になっているのではないかと思う。自動車は自動化し、シェア化される。自動運転のシェアカーが、複数の人で共有されることになるだろう。すると、今まで都心の一等地に広大な敷地を必要とした駐車場は不要になる。人間の誤作動を想定した車道幅の余裕も必要なくなるし、車両間の走行間隔（専門用語でいえば車頭間隔）も短くなるため、道路の交通処理能力（一時間に通行できる車両台数）は大きくなる。すると、車線数や車道幅等も小さくなり、都市内の道路の空間面積が小さくなる。また、交通事故も減少するだろうし（自動車メーカーの発表を信じるのであれば）、ＥＶ化（電動化）が進めば、地球温暖化問題への負荷も小さくなる。まさに、自動車社会は完全なものへと昇華する。自動車社会万歳！である。

自動運転車についての議論をしていると、よく聞かれる「これからの時代、自動運転車が普及したら、鉄道やバスはなくなりますよね？」と。

……私は「ノー」である。

［写真5-1］をご覧いただきたい。フランスのストラスブールというまちで、中心部にＬＲＴ（Light Rail Transit、端的に言えば路面電車）を導入するときに市が広報戦略で用いたものである。二〇〇人の市民が移動するために必要な道路空間面積が示されている。自動車での移動なら❶の写真、バスであれば❷、ＬＲＴであれば❸である。この自動車は旧来型のものだが、パーソナルモビリティになれば、これより狭いスペースで済むかもしれない。それでもバスやＬＲＴレベルにまでコンパクトにすることはできない。

都市政策に携わる者にとって、忘れてはならない重要な視点がここにある。自動運転車両が普及すれば、便利だからと多くの市民が自動運転車に転換するだろうが、都市空間の有効利用という視点でよいことなのかを、都市政策者は、今一度議論する必要があると考えている。

自動運転社会になっても、限られた都市空間の中で、効率的に市民を移動させるためには、やはり公共交通機関は必須であり、自動運転車両は駅を中心とする端末交通（自宅から駅、駅から目的施設までの移動手段）としての利用をめざすべきだと考える。また、災害時や非常時の対策という点でも、公共交通機関や自動運転車を重層的に整備し、モビリティの代替性を確保することで、都市交通システムの耐災性を高めることが必要なのである。これこそが、マルチレイヤーな交通システムにほかならない。

これからの時代を担う都市と交通の政策決定権者には、ますます自動車（自動運転車）利用に流れ込む可能性が高い市民のモビリティを、公

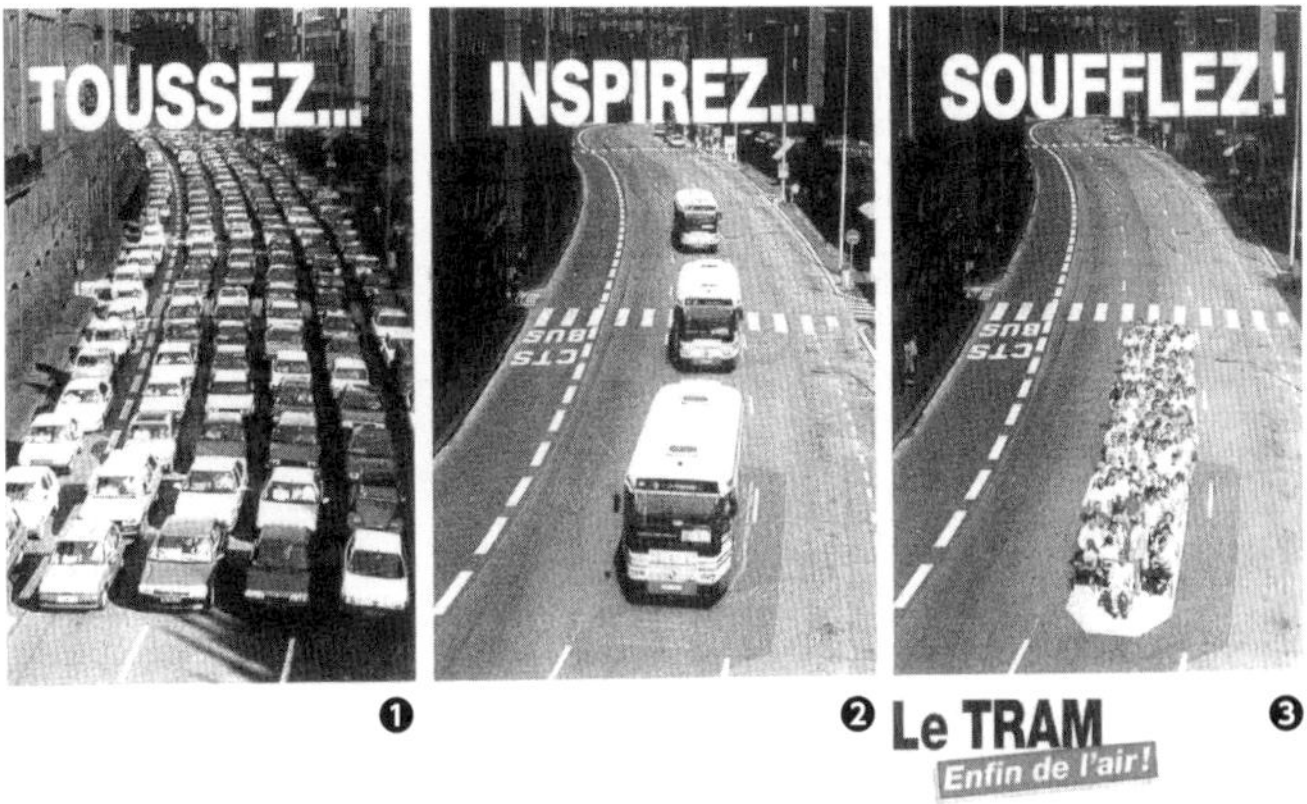

［写真5-1］フランスのストラスブール市による広報。クルマ、バス、LRTによる同人数の移動を適正にコントロールするために作られた。

共交通利用側に適正にコントロールする政策の実施が期待される。

私案❷――階層的＋「シェアードスペース」の道路ネットワーク

ブキャナンレポートが示した階層的な道路ネットワークの理念は、今後も継続していくべきである。一方で、道路空間の使われ方が、確実に変化していく事実を意識しなくてはならない。

道路は、自動車や歩行者、バスや自転車等、さまざまな交通手段を通行させる、いわゆる「廊下」の役割にあった。しかし、これからの道路空間は、人びとが憩い、ふと立ち寄り、まちの景色を楽しむために、ときには腰掛けて安らぐ「縁側《えんがわ》」のような機能も求められるのではないだろうか。

わが国でも、道路空間を活用したオープンカフェの設置や路上でのイベントの開催等で、まちのにぎわいを高めるとともに、地域の活性化、道路空間を活用した民間ビジネスの創出が盛んになっている。これからの道路空間は、交通処理を行うだけなく、まちの魅力を高める顔としての機能が重要となっていくに違いない。

このような取組みに対して立ちはだかるのが、交通安全対策である。まちの魅力とにぎわいを高めるために道路空間を活用することは、交通処理機能以外の活用を進めることになる。当然ながら交通処理機能は低下し、道路空間には、歩行者、自転車、自動車など多様な交通手段が混在する。そのため逆に、交通事故対策の取組みが厳しくなる。このような問題に対して、私は「シェアードスペース（共有空間）」という空間概念を、日本の都市・交通政策に関与する研究者や技術者が、都市工学的視点で、今一度、真剣に議論することが必要だと考えている。

シェアードスペースとは、一九八〇年代にオランダの交通専門家であるH・モンダーマンによって考案された、新しいモビリティ空間の概念である。すなわち「モビリティ空間のシェア化」である。

シェアードスペースの交通事故問題については、オランダのドラハテンで興味深い研究成果が報告されている。当地はもともと、交差点での通過交通による交通事故が問題となっていた。そこで、この道路をシェアードスペースに変更、その結果、交通事故が二〇％削減できたのである。こうした事例は、ボームテ（ドイツ）、ハーレン（オランダ）等でも報告されている。

自動車交通の急増にともない、交通安全確保のためモビリティ政策は「歩車分離」の空間構成を基本方針としてきた。自動車は車道を、歩行者は歩道をというように、空間を専用区分してきたのである。しかし、交通事故は減少しなかった。一方で、シェアードスペース化とすることで、歩行者、自動車、自転車は、それぞれの存在に十分注意するようになり、交通事故の発生リスクが低下するというのである。本来、専用空間化は、他人任せの自己過信に陥りやすいものだが、シェアードスペースは通行者相互がお互いに気を遣いあい、自己責任意識が高まることが奏功するのである。

私がシェアードスペースの積極的な導入を推めるのには、もう一つの理由がある。それは、自動運転社会の到来が期待できるからである。英国では、一九八〇年代から生活道路では低速走行しかできないように、自動車そのものを制御する仕組みが考案されていた。これはカーナビの地図情報とGPSによる位置情報、さらに車両側の速度制御機構を加えることで可能だと考えられた。しかし、自動車メーカーの反対等があり、実現できなかったとされている。

自動運転社会になれば、このような制御はある意味当然のように組み込まれるべきものになるだろう。自動車メーカー側にとっても、生活道路は大変に危険な場所なので、自動運転車両が事故を起こさないように低速走行モードにすることは、願ったり叶ったりのはずである。現在、わが国では生活道路におけるゾーン30の導入展開が進められていることをすでに記したが、自動運転社会では、現在のような速度超過違反があたりまえのように行われることはなくなるだろう。

[写真5-2]は、ウィーン（オーストリア）の中心市街の風景であるが、ここマリアヒルファー通りは、自動車の走行速度を20km/hに制限するとともに、歩行者、自転車、自動車、そしてタクシーやバス、荷捌き車両も全てシェア化されている。さらに、道路内にはオープンカフェやサイネージ（電子看板）等、あらゆるものがある。

自動車は、歩行者が前にいれば、速度を緩める。人も、さほど自動車の存在を気遣うわけでもなく、悠然と歩いている。沿道の店舗やオープンカフェと相まって、まちはにぎわう。

私は、地方都市での道路空間の「ホコ天（歩行者天国）」実験等にも携わってきた。歩行者中心のにぎわいをもたらすことを目的に、自動車の流入規制とホコ天化を進めた。そして、わかったことであるが、自動車を排除した道路空間は、閑散としたものに陥りがちである。とくに地方都市になるほど、自動車のために確保された幅員の広い通りでは、歩行者数が少ないこともあって痛々しいほどに閑散としてしまう。それならいっそのこと、歩車共存のシェアードスペース化を狙ってはどうか。その方がまちのにぎわいは高まるだろう。

［写真5-2］マリアヒルファー通りのシェアードスペース　Photo: Ricky Rijkenberg

自動運転と人が混在することは、ある意味では危険であり非現実的であると考える人が大半だろう。現在の技術レベルでは、確かにそうである。

しかし、自動運転を開発する企業の中には、あえてそのような挑戦的な取組みを行う企業がある。二〇一九年初夏、ソフトバンクグループのSBドライブが新橋のイタリア街で行った自動運転の実証実験は、まさに私が考える自動運転と人が空間をシェアする近未来の姿を見せてくれた［写真5-3］。

私も試乗してきたが、自動運転の車窓から眺める人と街の景色は、もはや自動運転社会のシェア空間の一部となり、すぐそこにある気がした。

ブキャナンレポートの階層的な道路空間整備に合わせて、これからは人間中心のまちの道路空間に誘導するため、この階層構造の中にシェアードスペースを、効果的に組み込んでいくことが必要になると考えている。実現にはまだ課題が多いと思う（海外ではあたりまえに行われていることであるが、用心深い日本の政策ではまだまだ時間がかかるであろう）が、自動運転社会の到来を見すえ、徐々に世論を高めていきたい。また、シェアードスペースのかたちは、商業中心地区か住宅地区かで当然異なる。地域の特性を踏まえつつ、都市構造を見ながら効率的な配置と空間構成計画の検討が重要である。

私案❸——「ヒューマンオリエンティッド」な移動空間

今までのモビリティ政策の中でもっとも不足していたのは、ヒューマンオリエンティッド思想ではないだろうか。従来、移動区間はヒューマンオリエンティッド、すなわち人間中心主義であったはず。近代化が始まる以前の日本では、人びとの移動は、大概は歩行であった。籠《かご》もあったが、その利用は限定的だったとされている。道路（歩道）には、人びとが触れ合い、にぎわう空間が数多く存在していた。江戸のまちには、辻や橋詰（広場）といった要所ごとににぎわいの空間があった。辻にまつわる言葉には、辻芸、辻説法、辻商人、辻屋台（辻屋台では天ぷら屋が多かったという）、いずれも江戸時代の道路空間を活用していた。時代劇によく出てくる橋詰もしかり。江戸時代の橋詰には橋番小屋、高

［**写真5-3**］SBドライブ（株）による自動運転の実証実験（東京・汐留イタリア街にて）。

札などが設けられ、見世物小屋や芝居小屋も開かれるなど、一つの文化を形成する場所であったという。

しかし、近代化と自動車社会の到来によって、このような道路空間の使われ方は大きく変貌した。人が中心の空間から、自動車が中心の空間に変わっていったのである。人間は、道路のいちばん端を申し訳なさそうに歩き、道路の中心には、自動車のために、一車線あたり三m以上の幅員が確保された。仮に四車線道路なら、三m×四(車線)=一二m以上の幅員が、自動車のために準備されるのである。基準上、歩道は片側で三・五m以上の確保だから、両側で七mとなる。

人間中心主義の道路空間とはどのようなものか。最近、デンマークの都市デザイナー、ヤン・ゲールをはじめとする多くの都市計画家や建築家が、その具体的な対策を提案している。本書では、私のプロジェクトや研究の経験から幾つかの私案を紹介したい。

❖「コトづくり」の空間があること

まちの最大の魅力は「人」と「風景」ではないだろうか。道路や駅などのモビリティ空間も、「人」を見ることができ、そして「見られる空間」とすることが大事だと思う。私が学生時代、表参道のオープンカフェに憧れた。当時はまだ珍しく、オープンカフェに座っているのは決まって欧米人のモデルのようなカップルであった。ある意味、彼らは表参道の風景の一部であったと思う。いまや、国内に数多く展開されるスターバックス等のシアトル系カフェの多くはガラス張りのオープンな店舗で、お客さんは外の景色を楽しめるし、また外の人も店内のお客さんたちの様子を眺めることができる。お互いが、都市の風景の一部となっているのだ。

人間だけではない。まちには、さまざまな特徴的な空間がある。浅草寺と東京スカイツリー、大阪城とOBP（大阪ビジネスパーク）のビル群など、伝統的建築と近代建築のコントラストはとくに楽しい。さらにまちのオープンスペース等を利用して、まちなかでイベントが見られれば、それも一つのまちの顔になる。都市内の緑や川のある風景もしかり。個人的には、東京の中央線車窓の風景が大好きである。大都会のなかで、緑やお濠、そして高層ビルという東京ならではは風景を動画のように楽しめる。

まちの中にある「コト」を、うまくアレンジすることによって楽しめる空間、すなわちコトづくりの空間を創ることができる。その際、道路や鉄道等のモビリティ空間は重要な役割を担う。

モビリティ空間は、「移動」という特性上、都市内に連続的につながっていて、かつフリーアクセスの空間である。このような空間に、コトづくりの空間を組み込むことで、がぜんまちの魅力は高まるし、移動の仕方は変わる。要は、マイカーや鉄道で通過するのでなく、ゆっくり歩きながら行くこと。またホームに立ち止まるときに風景を楽しめる空間を創ることが重要なのである。電車やバスの車窓の風景を眺めながら「移動を楽しむ」仕掛けもできるのではないだろうか。

コトづくりを楽しめるモビリティ空間があれば、人びとは積極的に歩き、公共交通を利用するだろう。自動運転社会となっても、公共交通の車窓の景色の方が楽しいかもしれない。なぜなら鉄道は高架が多く、まちの景色もワイドに楽しみやすい。また駅は、まちの中心の集客拠点で人が行き交うなど、公共交通には自動運転車にはない魅力があるはず。駅に屋根まで届くホームドアをつけ、風雨を凌ぐ、また屋根には太陽光パネルをつけて省エネのスマートステーションにする。このように駅や鉄道を磨き、コトづくりを進めれば、「自動運転社会には、公共交通はなくなる」などというゴシップに惑わされることもないだろう

また、自動運転車もしかりである。車内で映像やゲームを見せるだけでなく、積極的に都市の人々やその行い、風景を見せる工夫ができれば、モビリティの新しい価値を提供することができる。近年、期待が高まるインバウンド政策との相乗効果も期待できる。自動運転車の新しい社会的価値を創造することができ、新しいMaaSビジネスの可能性も広がるであろう。

そのためには、モビリティ産業（鉄道・バスなど公共交通事業者だけでなく、自動運転車メーカー、さらにはこれから台頭するであろうMaaS事業者）が、自治体と一体になって、モビリティから見える

「まちの見どころ」を磨き直すことが有効だと考える。

❖「ストレスフリー」であること

自動車社会の道路空間はストレスの塊である。ドライバーは渋滞にイラつき、歩行者や自転車の挙動に怯える。歩行者や自転車も自動車の挙動に怯える。このようなストレスは、自動運転社会になれば徐々に解消することになると思う。しかし、まちの中には、解消されないモビリティストレスが、これ以外にもたくさんある。

たとえば近年、都市内における夏季のヒートアイランド現象は凄まじい。夏の道路は輻射熱の影響で五〇℃近くまで上昇するという。夏の駅のホームも、路面ほどではないが、周辺ビルからの空調の熱風にさらされ、熱のこもった空間にほかならない。このような空間では、「コトづくり」がうまくいったとしても、誰も散策しようとは思わないだろう。

一方、快適な気候の時節であっても、移動にストレスを感じるケースは多い。朝夕の混雑した駅と車内に耐え、いつ来るかわからないバスを待ち、自転車レーンが途中でなくなるまちなかでの自転車をこぐとき、誰もが多少なりともストレスに襲われる。

また、東京の駅やまちは、ベビーカー利用者にとって、けっして優しい造りではない。駅の構造が複雑なこともあり、エレベータを利用すると遠回りになり、場合によってはエレベータがない。実際にベビーカーを担いで、階段を降りている子育てママを見ることがよくある。階段を踏み外しでもしたら、大事故になる。そんなストレスをかかえながら、東京の子育てママたちの多くは日々、必要に迫られ移動をしている。

障害者の方の移動もしかり。鉄道各社は、車いすの方がいらっしゃる場合は、サポートをすることになっている。しかし、私がある歩行支援プロジェクトに参加していた際に、障害者の方から伺ったお話が印象的だった。

「駅員さんにサポートしていただけることは本当にありがたいのだが、逆に、申し訳なく、気が引けることもある。私が移動するために、いろいろな方に手伝っていただかないといけない、また出かける前にトイレの場所を確認したり、その行程をシミュレーションしたりしているうちに、外出するのがおっくうになることがあります」

健常者や子育てママのストレスと異なり、障害者の方の場合は、移動そのものの権利を放棄しかねない。

以上のように、まちのモビリティはストレスの吹きだまりと言っても過言でない。「コトづくり」の必要性とともに「ストレスフリー」も重要なファクターなのである。

ストレスフルな現在のモビリティを改良するには、一つひとつのストレスの実態を把握し、その原因を解明し、改善策を見出していくという地道な取組みが必要となる。その結果、道路路面を遮熱性舗装にするとか、駅には先述のような屋根まで届くホームドアと空調を効かすとか、ミストの設置をするとか、エレベータの設置やICTサービスの導入等、より効果的な対策を進めることが必要である。

❖「健康的」であること

人生百年時代が始まった。たんに「長生き」でなく、「健康長寿」であることが重要である。そのためには、若いころから日々運動をし、健康管理に気をつけること。私と共同研究をしている筑波大学の久野譜也教授によれば、健康長寿のための運動の効果は、二〇年後に顕れるという。若いうちから、日々の運動を続けることが重要である。同教授によれば、日々歩くことを心がけるだけで健康長寿は実現できるという。教授が進める歩行プログラムを三年間続けることで、一人当たり年間一〇万円強の医療費削減効果が期待できるとの報告がなされている。

このような事例は、海外にもある。イタリアのサルディーニャ島はセンテナリアン（百歳以上の人）が多い島として知られる。また、その特徴は男性：女性＝1：1であること。日本の男性：女性＝1：9とはかけ離れている。その原因を探ると、サルディーニャ島の地形は坂が多く、野良仕事をする男性が多い。つまり日々、肉体に負荷をかけることで、健康長寿を実現しているのである。日々の歩行や階段の昇降などは、健康長寿の点でも大変に有意義であり、今後のモビリティ空間のデザインにあたっては、このような健康増進を視野に入れたアプローチが必要になると思われる。

一方で、厚生労働省の調査によれば、高齢者の一～二割が、外出頻度「週一回未満」のひきこもり傾向にあるという。高齢者のひきこもりは「寝たきりや要介護状態を引き起こす原因の一つになる」(同省調査)とされる。東京都健康長寿医療センター研究所によれば、外出することが認知症予防に効果的で、よく歩く人の方が認知機能障害が発生しにくいとしている。首都大学東京の藺牟田洋美《いむたひろみ》准教授が山形市で実施した調査では、ひきこもりの高齢者の三割が一年後には寝たきり状態になったという。

以上の点を総合的に踏まえると、市民の健康をめざしたモビリティとして次のような切り口が考えられる。

最初に、健康増進のためのモビリティ空間の整備をする。日々の生活の中で、知らず知らずのうちに歩行や階段昇降による運動を続けるモビリティ空間の創り方がある。先の久野教授が指導した新潟県見附市では、歩行を経済的要因で誘導する「健幸ポイント」の付与や歩行者・自転車優先道路の整備、そしてベンチや景観整備等で、歩行を促す仕組みを自治体が進めているのである。

私が行った研究でも興味深い知見がある。川崎市の新百合ヶ丘地区に居住する市民五〇人の協力を得て、一か月間のライフログデータを取得し分析した。この地区は、元来、緑や公園、河川敷が多いので、市民が自ずとこのような空間を利用した通勤や運動をしている。その結果、モニター市民の移動軌跡を分析すると、自宅から駅までの最短経路ではなく、緑や河川敷を活用し、かつ比較的長い距離を自転車や歩行で移動するという特性が現れたのである。緑の少ない地域の人たちに比べ、緑の多い地域で暮らす人々が示した運動量の多さが、年間医療費の削減効果としても顕著であった。モビリティ政策の関係者は、先のコトづくりと合わせて、まちなかに人間中心のモビリティ空間が造られるなら、健康長寿社会の実現といった点でも有効であることを認識すべきだろう。

この際、市民をまちに連れ出す仕組みも重要である。藺牟田准教授によれば、ひきこもりの高齢者に外出を促すには「動機づけ」こそが大切だという。なにも目的がないのに外出を強要されれば、本人にとっては不愉快なこと。家族や周囲の人が、好きなことや関心を持ちそうなことを聞き出しておいて、「自然と足が向くように促す」情報提供と働きかけが重要だという。まさに、モビリティを誘発する行為である。

これからの都市のモビリティ政策は、口を開けて待っているような需要追随型ではなく、アクティブにモビリティ需要を創出する（例：まちの情報発信やリコメンド型サービス等で）理念が必要になると思う。追随型需要であれば、予想外の需給バランスのズレが発生しやすいが、創出型であれば需要を先に把握し、適正に供給を行えるため、ズレが少なくなる。また、この需要創出型は、モビリティそのものだけでなく、地域やまちの活性化といった点でもきわめて有効なものとなる。市民、モビリティ管理者、まちづくり行政の全てにとって、三方一両〝得〟の仕組みと言えよう。

現在、モビリティ関連産業が注目するMaaSであるが、私は、交通手段の相互連携でモビリティライフを便利にするというMaaS本来の概念だけでなく、このような都市と生活者をモビリティがつなぐといった、MaaS＋の概念が、これから重要になるのではないかと考えている。これこそが、海外企業に出遅れたものの、わが国ならではのMaaS、海外企業に対抗できるメイドインジャパン方式になるのではないだろうかと思う。

私案❹――生活圏単位の「モビリティハブ」

MaaSができると、駅から離れたところに住んでいる高齢者であっても、自宅の前に自動運転車を呼んで駅まで行き、電車に乗って下車駅から病院まではライドシェアでたどり着くといったことも考えられる。さらに、今日は気候が穏やかだからと、高齢者自らが、シェア自転車やパーソナルモビリティを選ぶこともありうる。このように、場面に応じてユーザーが望む交通手段を、より手軽に使い分けられるメリットがMaaSによって実現できるのである。ただしこの場合、高齢者の自宅近くには、シェアリングモビリティとしての自動運転車やパーソナルモビリティ、シェアバイク等の基地（拠点）が必要になる。高齢者の要望に応じて、自宅近くの拠点から、自動運転車が配車されるだろうし、またパーソナルモビリティやシェアバイクであれば、高齢者が直接この拠点に来て、借りることもあるだろう。また、このような拠点にはバスの停留所もセットであった方が便利である。場合によっては、この拠点空間に遠隔診療所があったり、買いもの難民対策としての移動販売車の販売拠点やキッチンカーによって、お年寄りたちの憩いの場を提供することもあるだろう。

さらにこれからは、ネット通販の定着により、住宅地区においても物流車両の往来がますます激しくなるものと予測される。一方で、物流業界も深刻な人手不足に陥っており、宅配サービスの効率化が喫緊の課題になっている。このような場合も、住宅地区内はトラックでなく、パーソナルモビリティのような小型車両による配送の方が望ましいし、さらに自動運転車の導入で人手不足が解消できるだろう。そうなれば、先の拠点を地域の物流拠点とすることも効率的なのではないか。

以上のような生活シーンを踏まえ、生活圏単位での「モビリティハブ」の整備を提案したい。モビリティハブは、シェアリングモビリティ（自動運転車、パーソナルモビリティ、シェアバイク）のデポ（駐機場であり配車拠点）であるとともに、そこにはバス停留所や駅等もあり、まさに生活圏の移動拠点になる。そこに行けば、どこにでも行ける、といったイメージである。また、モビリティハブは単なる地域交通拠点であるだけでなく、遠隔診療や高齢介護施設、移動販売やキッチンカーの拠点ともなり、まさに住区の生活拠点になれば、ますます住民の認知度と利便性の向上が高まるはずである。

さらに、物流拠点も併設し、そこに荷物がいったん荷下ろしされ、各家庭に配送されるのである。この際、ヤマトや佐川、JP等のいくつかの物流事業者は、モビリティハブまで配送すれば、あとは共同輸配送事業者が共同配送方式で、パーソナルモビリティや自動運転などで各家庭に配送する。従来、吉祥寺やさいたま新都心で、共同荷捌《にさば》きの仕組みが導入されているが、一般的にこの手法は事業性が難しいと言われている。要するに、センターまで運んできた物流事業者は、共同輸送のために必要な費用を、共同輸送事業者に払いたがらないし、払うとしても費用を抑えぎみにするので、決して儲かる仕事ではない。しかし、この共同荷捌き事業者が、モビリティハブのシェアリングモビリティや付帯施設の運営（例：遠隔診療やキッチンカー等の事業者から施設利用料が徴収できるビジネス）を担う事業にも参入できるのであれば、ビジネスチャンスが広がり、採算性が高められるのではないだろうか。

また、今後増える空き家・空地を、モビリティハブの整備場所として活用するなら、まちの空洞化対策や治安維持の点でも効果が高まるはず。住宅地区内でも歩行生活圏単位で、モビリティハブが整備できるかもしれない。また、モビリティハブはEVといったエコカー中心であるため、太陽光発電等、発電と蓄電機能も備えられる。モビリティハブに急速充電インフラ等を整備すれば、生活圏内のEV利用者の充電スタンドにもなり、施設管理者(共同輸配送事業者)は、さらにビジネスチャンスを拡大できることになると考えられるし、災害時には地域の防災拠点にもなり得る。

モビリティハブはモビリティを核とした複合的な生活支援サービスの拠点であり、ある意味、MaaSモデルとして位置付けられるのかもしれない。

❖自動運転・MaaSが変える都市の価値

第3章でも述べたように、現在、わが国の都市政策はTODの方向に進んでいる。その過程では、人口が希薄な地域は市街地縮退を進めるとの前提がある。私自身は、この考えには賛成である。しかし、その実現には大変な時間を要し、困難が待ち受けていることだろう。

そこで、歴史的な二つの都市計画思想を思い出す。

一つは、ル・コルビジェが描いた「輝く都市」である。コルビジェは、中層の集合住宅が密集するパリのまちを否定し、超高層建築物を建てることで、周辺に緑の環境を整備しようと提唱した。もう一つは、米国の有名な建築家フランク・ロイド・ライトが提唱した「ブロード・エーカー・シティ」である。ライトは、コルビジェとは対照的に、自動車社会を前提にすることで、住居と緑が混在する低密度な都市をめざした。

今後、全ての都市がコンパクト+ネットワークのTOD型都市構造に転換するには相当な時間を要するであろうし、そもそも国土の中には、〝鉄道がない〟都市も多数ある。このような都市では、国道などの〝幹線道路を軸として、団子状に緩やかな集積地区がつながっていく〟ことになるだろう。従来、このような鉄道不在の地域では、自動車の普及が極端に進み、バス路線が赤字で撤退するという、いわゆる交通空白地域であることが多い。バス運行経費の多くの部分がドライバーの人件費であることが、赤字の原因である。

しかし、自動運転社会では、この人件費がカットされることから、自動運転バスの経営効率は大幅に改善されるはずである。また、近年はベンチャー企業がAI(人工知能)を活用した、乗客の相乗りマッチングビジネスも始めており、自動運転×AI相乗りマッチングで、従来の公共交通の概念を大きく変える全く新しい地域交通ネットワークが中小都市でも実現されることが期待できる。

概してこのような地域には、豊かな自然環境や美しい景観が眠っていることも多い。また、人口減少社会で空き家も増えていることだろう。そのような状態であれば、先の〝モビリティハブ〟と〝自動運転×AI地域交通システム〟を組み合わせることで、今までとは全く別の地域に生まれ変われるかもしれない。

ここにライトが示すようなブロード・エーカー・シティ〝緑・住〟混在の都市構造が可能になるのではないだろうか。都会の高層マンションでの暮らしに疲れ、自然の中での暮らしを求める人々にとって、このような都市こそが理想郷なのかもしれない。

私はもう一つ、「自動運転社会では、土地の価値に対する考え方が変わる」のではないだろうかとも思う。よく見る風景に、日中はランチでにぎわい行列ができる店が、夜にはガラガラということがある。そうであれば、夜は別のにぎわう施設に置き換えてもよいのではないか。夜の進学塾の前には、子供たちを送迎する親の車両がずらりと並ぶ風景は今や珍しくない。しかし、そのような場所も日中はガラガラである。土地利用においても、一日の中で二毛作、三毛作の発想があってよいはずである。

たとえば、トヨタ自動車が発表したeパレットのように、昼間は空地にキッチンカーを駐車させ、その前をオープンカフェとするなら、にぎわいの空間を創ることができる。そのキッチンカーが夕方には撤退し、夜には進学塾にするといった発想があり得るかもしれない。そうだとすると、この「空地」は非常に生産性の高い土地に早変わりすることになる。都会の一等地より、朝・昼・夕・夜で、土地利用をダイナミックに変えられる場所の方が、土地の価値が上がる可能性がある。これは地方創生につながる取組みになるのではないか。

地方は、ライトが描くブロード・エーカー・シティで、空地・空き家を利用した〝モビリティハブ〟や〝自動運転車によるダイナミック店舗〟があり、加えて自動運転×AI運行の地域交通システムのような環境が整えば、もはや市街地縮退といった寂しい話にはならないだろう。

もちろんこの思想は、現在わが国が進めるコンパクトシティやTOD政策を大前提としていて、これらを否定するものではない。居住誘導区域（国の立地適正化計画で定義された居住環境を誘・導する区域）などの都市機能を残すべき地域の中で、モビリティハブや自動運転社会を構築するのであれば、人々が住み慣れた場所で、幸福に暮らせるだろうとの思想である。第3章でも述べたとおり、「今後わが国がめざす都市構造」という基本レイヤーの上で、近未来モビリティ社会を考えるスタンスにブレがないという前提条件のもとで、自動運転社会は新しい都市のパラダイムシフトをもたらしてくれるのだと、私は信じ、期待している［図5−2］。

私案❺——市場の力を活用したモビリティマネジメント

ブキャナンレポートは、通過交通を排除する手法への補助制度の必要性を着想の原点にしていたと、私なりに理解している。自動車交通の流動は空気中を漂う粒子のようなものであるから、どこから来てどこへ行くのかなど、わかるはずもない。そうであれば、その自動車が目的交通なのか、それとも通過交通なのかを、都市内のある地点で識別することなど不可能であ

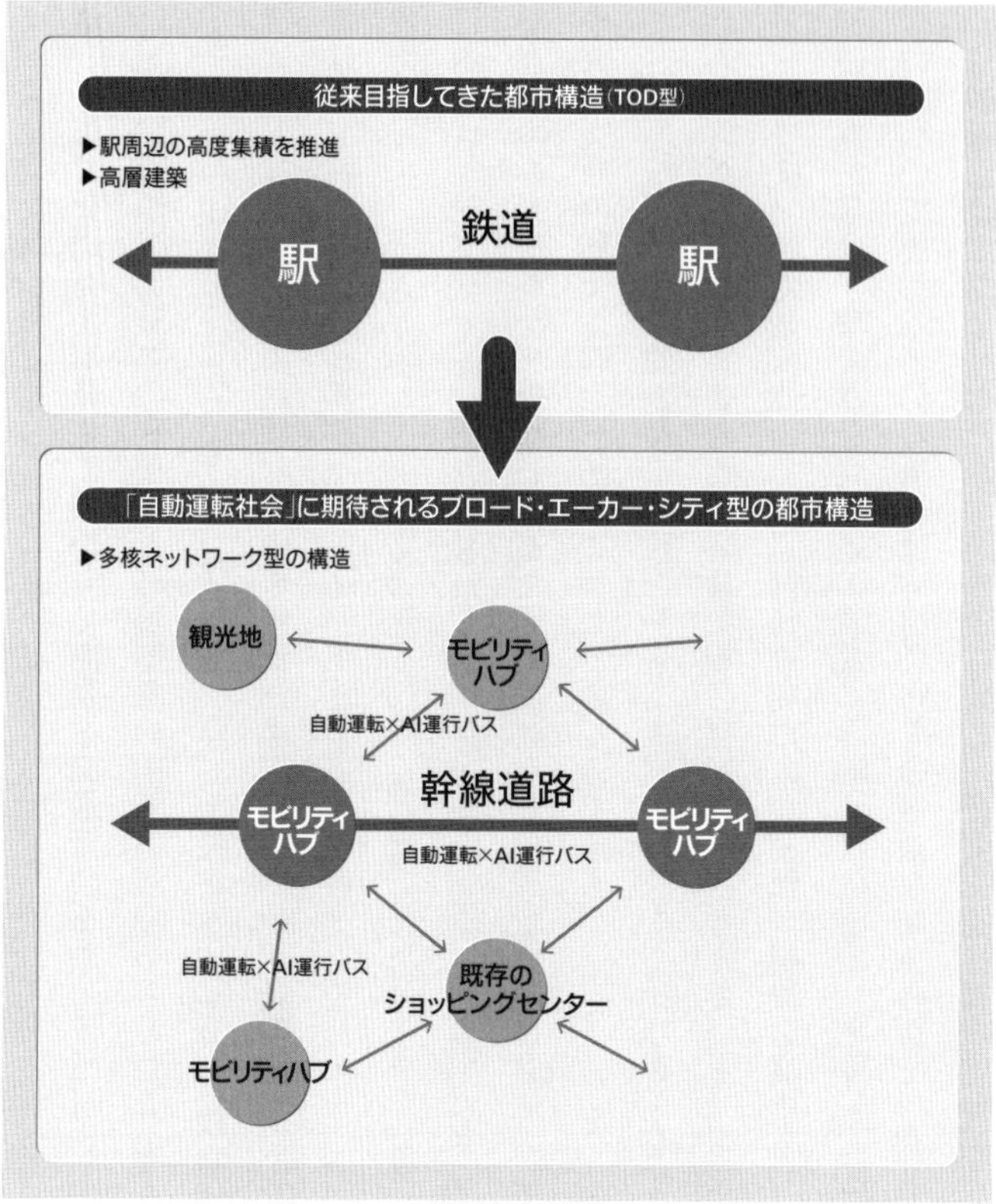

［**図5-2**］自動運転社会に期待される都市構造のパラダイムシフト。

る。そこでブキャナンレポートでは、沿道の土地利用との整合性、すなわち沿道開発が進めば、そこに交通需要が発生するから、開発と交通管理をセットで行い、ここに補助金をつけることで、沿道アクセスの利便性と環境整備の同時実現をめざしたものと私は理解している。

一九六〇年代とは比べものにならないほどの技術革新を経た現在、自動運転車やコネクティッド技術を活用すれば、その車両が通過交通なのか、目的交通なのかを瞬時に見分けられるはずである（自動運転車なら、ドライバーは乗車時に目的地を車両に入力する）。通過交通は確実に捕捉できるし、コネクティッド技術を使えば、通過交通に対するバッズ（bads）課金、すなわち日本版ロードプライシングＰＤＳ（Parking Deposit System）も実現できるはずだ。効率的に通過交通を中心市街地から排除し、また通過交通からの課金で得た財源を活用し、地域の環境改善や公共交通の利便性向上を図ることもできるのである。

自動運転車が一般的となる時代だからこそ、私は今まで絵空事として扱われてきたロードプライシングを、もう一度真剣に議論する必要があると考えている。その理由は二つある。

一つには、自動運転社会では、自動車利用の利便性が格段に高まる。しかし、モビリティ政策の観点からは、やはり公共交通の意義はきわめて大きい。わが国における公共交通を市場原理に基づいて運営している場合は、自動車との熾烈な競争の中で、公共交通がモビリティ市場から駆逐されてしまうおそれもある。しかし、公共交通は都市空間の最大有効活用と、都市交通システムの代替性確保の視点で未来に向けて必要なものである。市場原理だけでなく、政策面における社会厚生の最大化といった観点からの評価が必要になると言えよう。そのため、自動車交通を適正にコントロールするために、課金を施すことで自動車交通を抑制する（お金を払うのはもったいないと、市民が自動車利用を控える）取組みが必要だと考える。また、この課金財源を、公共交通の維持管理や赤字補填に活用すれば、公共交通の経営も楽になり、私が理想とする「マルチレイヤード」な交通システムが構築可能になるものと思う。

二つ目の理由は、道路の維持管理のための財源確保に関連する。昔は、ガソリン税や自動車重量税などを道路特定財源として、道路の維持管理に活用していた。現在は、これらの財源は一般財源化しているが、受益者負担の構造は成立していると言える。しかし、この構造に大きな変革が起き始めている。それは、ＥＶ（電気自動車）の台頭に関連する。

電気自動車には、ガソリン税はない。その代わり、電気には再生可能エネルギー発電促進賦課金二・九円/kwhが課される。しかし、国内のＥＶのバッテリー容量はおよそ四〇kwhなので、ガソリン税に比べれば微々たるものである。道路はインフラであり、自動車交通量が増えれば、道路の損傷も大きくなる。利用者負担の原則で維持管理の財源を捻出するのは当然と言える。道路維持管理のための財源は、受益者負担の視点から、自動車利用者、すなわちＥＶ利用者が負担すべきであり、それだからこそロードプライシングが必要だと私は考える。

ただし、ここでいうロードプライシングは、ロンドン等で行っているエリア流入時の入域賦課金ではなく、GPSデータから走行距離に応じて課金する仕組みをイメージしている。GPSデータに基づく仕組みであれば、混雑の激しい道路を走行する場合は、追加課金等を掛けることで、需要をコントロールしたり、当該区間に重点的に道路維持管理費を割り当てる等の効果的な対策が実現できるであろう。

このような取組みについては、一刻も早く議論を進めるべきである。なぜなら、モビリティ分野での無料施策の試行ほど、次世代にわたって重荷になるものはないからである。私が関わったプロジェクトや調査でも、「無料サービス」を安易に導入したがために、実現が阻止された事例がいくつかある。

ある自治体では、首長が選挙公約としてコミュニティバスの無償化を打ち出し当選した。そして実施したのだが、このバスの運営赤字が重くのしかかり、次期市長が有料化（ワンコインバス化）を打ち出そうとしたが、市民の猛反対で実現できなかったのである。また、ある地域のモビリティサービスの実証実験でも、実証実験であるがゆえに、無償でのサービス提供を行ったのだが、将来的に有料化するとの告知をした。すると、市民の利用意向が急減し、結局、実証実験で終わってしまったという苦い経験もある。「無料」という形でのサービスを実施すると、有料化に移行するときの反発は、そうでない場合に比べて著しく激しくなる。海外で入域賦課金型のロードプライシングの導入が難しかったのも、そのような理由からである。

近年、政治の世界でもポピュリズムの蔓延が危惧されている。日本のモビリティ政策分野で大衆迎合化から安易な無償化が進めば、未来の世代に大きな負の遺産となることだろう。今、EVや超低燃費車が徐々に市場に普及し始めている。これらの車両は、ユーザーのお財布には優しいが、反面、受益者負担の視点では逆行している。社会一般に広く普及する前に、受益者負担の思想とロードプラシングの意義を議論することが必要ではないだろうか。

ロードプライシングで得られる財源は、ロンドンやストックホルムで実施されているように、中心市街地の歩行空間整備やまちの景観保全など、エリアマネジメントの財源にするといった議論もあり得る。財源の使途効果が、市民の目に見えやすい形で活用されるのであれば、市民や事業者の合意形成も得られやすいことだろう。

私案❻——「モビリティ・ビッグデータ」を、まちづくりに活用

これからのモビリティ政策は、モビリティ・ビッグデータの活用と切っても切れない、いや、切ってはいけない関係になる。仕事がら、「スマートシティ」をテーマに議論することが多い。従来、わが国では、スマートシティをエネルギー政策の文脈で語ることが多かった。次はモビリティの分野で議論しなければならないと確信している。モビリティは、エネルギー以上に人

びとのアクティビティと直接的に関わる。

MaaSというサービスを通じて得られるモビリティ・ビッグデータは、まちづくり政策に活用できる。まちづくりの現場でよく耳にする、いわゆる都市伝説「自動車で買いものに来る人は、公共交通で来る人より、買いものの額が大きいというが本当か?」がある。デパートなどで買いものをしたお客さんに、駐車場割引券を出すことが多いが、公共交通活性化という点では公共交通の割引券を出した方が良い。実際に私たちが、商業施設者と協議したとき、このような提案をした。

別の都市伝説もある。「中心市街地で自動車流入を抑制し、モール化することで中心市街地がにぎわい、商業売上げが伸びるというが本当か?」というものである。この問いについて、いま現在、明確な答えはない。

まちづくりの現場では、このような「都市伝説」的な話がよく話題にのぼるが、これらを立証できるのが、モビリティ・ビッグデータなのである。モビリティ・ビッグデータがあれば、自動車で来た人と、公共交通で来た人の識別ができる。そこに商業主のPOSデータ等を組み合わせれば、最初の都市伝説に対する解が得られる。同様に、モール空間の効果についても、モール導入前・後の歩行者の移動軌跡データがあれば、回遊実態や各店舗での滞在時間等を分析でき、にぎわいの効果を検証できる。

この他にも、モビリティ・ビッグデータを活用することで、先の私案❶～❺の実施効果を検証できる。政策の見直しやＰＤＣＡに有効活用できることも間違いない。

ブキャナンレポートが示した「沿道まちづくりと交通の関係」は、一九六〇年代の技術では、その事実を検証することも、また実際に理想の形を示して、市民や自動車のアクティビティを制御することも不可能であった。五〇年を経た現在、モビリティ分野は急速な技術革新が進み、先人の知恵を検証し、具現化することができる時代になった。

これからのモビリティ政策では、先人の知恵と教えを活かしながら、先人たちが成し遂げられなかったことを、先端技術とビジネスモデルで実現する、そんな取組みが行われる時代になると信じている。

第6章

公共心を育むモビリティマネジメント

6.1——未来のために今やるべきこと

●強い意志と、市民との対話

モビリティは、移動体（乗りもの）とインフラ（まち、道路、駅、軌道等）がセットで体を成す。インフラについては、改良に多額の費用と長い時間を要する場合もある。また、インフラ整備は、行政と民間とが連携して進めるべきものも多い。そのため、新しいモビリティを都市に導入するには、市民に〝受け入れられる〟こと（利用してもらう、または都市の装置として導入することに協力してもらうこと）が重要となる。

最近、私たちが行った自動運転車に対する市民の「受容性」研究では、次に示す興味深い結果が得られた。自動運転車の社会実装を求める市民（首都圏周辺）の割合は四〇％しかいないのである。夢の技術といわれる自動運転車だが、意外にも多くの市民にとってその必要性は絶対ではない。主な理由は、「自動運転の必要性をそれほど感じていない」ことだった。今のマニュアル車でも十分であるし、そもそも「運転が楽しい」のだ、と言うわけである（多くの回答者が、自動運転は近年深刻な社会問題である高齢者の事故対策として導入すればよいといった程度の認識であり、ジブンゴトとしての認識は皆無であった）。

このように、新しいモビリティの導入に際しては、技術開発者や政策立案者とユーザーとの乖離が生じる場合が多々ある。政策立案者は「社会の皆さんにとって必要なもの」との立場から、モビリティ政策を強い意志をもって実施しようとする。なぜなら、モビリティ市場には、過去に市民のエゴが押し付けられた苦い経験が多くあったからである。今までの自動車社会がもたらした公害、渋滞、交通事故についてもそうであった。とはいえ、力ずくの政策執行は市民の反発を買う。

「市民との対話」こそが、重要なのである。

❖モビリティに係る政策評価手法の見直し

自動車の出現は、私たちの生活や都市の形を大きく変えただけでなく、都市計画やモビリティ政策を「学問」として体系付ける動機になった。自動車が出現し、急速にまちに溢れるようになると、これを制御しようと、ブキャナンレポートのような都市交通計画に関する調査研究が進められてきた。技術面でも、交通量を精度高く予測する交通需要予測、また道路空間で一時間あたりに処理（通行）できる自動車台数を予測する交通容量算定等、いわゆる「交通工学」という学問も体系的に整理された。私が学生だった一九九〇年前後には、まだ交通需要量や供給可能量をいかに精度高く予測するのかを競うような研究が盛んだった。

「いかに効率的に交通を処理するか」が全てだったのである。朝の通勤交通の計画であれば、鉄道を利用する通勤客数（需要量）を精度高く予測し、一時間に処理可能輸送量を精度高く算定する。そして、「需要量÷容量」で混雑率を出して、一八〇％以下ならＯＫといった評価で、都市圏のモビリティ政策を決めてきたのである。この目標が達成できた次のステップでは、一八〇％ではギュンギュン詰め状態だから、今度は一五〇％まで落とせるように頑張ろうという、次なる政策目標（数字目標）を掲げた。

これらの政策過程には、「人びとの暮らし」や「移動空間における人間の価値」といったものが課題となることはなかった。「人」は、輸送するための対象であり、いかに効率的に運ぶか、その最適解を求め続けた。高度経済成長期の日本には、まだ整備しなくてはいけない社会インフラが山のようにあった。ヒューマンスケールで、通勤列車の中にいる人々のあり様をイメージするよりも、まずは「運ぼう！」だったのだ。

しかし、時代は大きく変わった。人口減少時代も始まっている。在宅勤務など、働き方改革も進み、人びとは必ずしも通勤列車を利用しなくなり、価値観も大きく変る。人間の尊厳が重視される時代になっている。

これからの時代の重要なキーワードは先の私案❸で上げた「ヒューマンオリエンティッド」な移動空間である（モビリティ空間内での出会いや交流、ストレスフリー、ウォーカブル、健康などがキーワードとして含まれる）。従来の「需給バランス評価」という概念は、基本中の基本であり、マズローの段階欲求説に例えるなら、最下層の生命の存続（生理的欲求）に匹敵するだろう。

ヒューマンオリエンティッドな道路空間に求められる性能は、大量の交通量を処理する（流す）ことではなく、逆に〝留めること〟だと私は考えている。誤解のないよう、もう少し丁寧に言うなら、「コトづくり」のため、人々の滞留や交流を促す空間が、価値のある道路空間になるのであり、そのための滞留と交流、そしてそれが生み出す新しい〝産物〟を計測し、評価することが重要になるのである。たとえば、滞留・交流を評価するのであれば、そこにどれだけの人が来訪し、どれだけの人と接触し、コトを起こしたか（例：買いもの、娯楽のための消費額、その場所に魅せられて、繰り返し訪問する等のリピート率等）を定量的に評価できることが望まれる。場合によっては、クリエイティブ・シティ的発想から、ウォーカブルシティを進めることで、どれだけのイノベーション産業の誘致・創出がなされたかといったことを産業連関分析的な評価指標で行ってもよいと思う。

いずれにせよ、今までよりさらに上層の都市価値を含め、モビリティ分野を評価する手法の開発を行わなくてはならない。

その点で私は、近年急速に普及するIoT（Internet of Thing：モノのインターネット）とセンシング技術の活用が有効だと考える。センシング技術の中には、人間の行動の質や、その状態をモニタリングできるデータを取得できる技術も開発されつつある。第3章で示した都市の緑化効果の計測研究でも、GPSセンサと心拍数が捕捉できるバイタルセンサというIoTがあったからこそ、従来、定量的な効果計測が困難であった都市の緑化の効果を計測することができた。最近は、健康社会の実現を意識し、いろいろなバイタルセンサが開発され、商品化されている。これらの機器から取得されるデータは、モビリティ政策がめざすべき空間づくりの評価に、有効なものになると思う。

近年、GPSや通信基地局を活用した、人流に関するビッグデータの活用を各社が提案している。しかし、人流の動態の見える化はよいとして、それだけでは状況捕捉でしかない。次の政策につながる知見が取得できているとは言えない。政策につなげられるデータとは、なぜそこに人がいたのか、そして、そのときにどのように感じていたのか、どのような状態だったのかなど、内面的な状況がわかるデータがセットとなってこそ、初めてビッグデータの意味を成すものと考える。

従来は計測困難であった評価軸を計測可能にする。モビリティ評価技術の開発が待たれている。政策研究に携わる者たちが、情報系や医療系など周辺分野の技術者たちと連携し、開発しなくてはならない。

❖「モビリティ市民」の育成――公共心の醸成とNIMBY問題の克服――

モビリティ政策を進めるうえでもっとも重要で、もっとも難しいのは市民の理解と協力だと思う。

自動車社会の進展には、市民の「エゴ」があった。交通弱者のためには、本来、民間経営で成り立っている鉄道・バスといった公共交通を、誰もが利用することで、その事業性を高め、存続させる協力行動が必要である。しかし、雨の日にバスに乗るのは面倒、混んでいるからいや、乗り換えが多いから面倒……等の市民それぞれの意見によって、公共交通は廃れ、自動車社会にシフトしていったのである。たしかに、自動車も魅力的な乗りものである。エアコンが効き、音楽やテレビが見れるし、座っていられる。場合によっては、車内で食事ができるし、駐車していれば昼寝だってできる。自動車はまさに居住空間にほかならない。

モビリティ分野は、鉄道会社、バス会社、自動車メーカーという、各社の市場競争のなかで成立してきた。現状は、各社の知恵比べと技術開発競争のなかで、自動車メーカーに軍配が上がったというだけのことなのかもしれない。市場競争は悪いことではない。競争により、モビリティサービスの質が高まるのだから、それは市民にとっても良いことである。鉄道・バス会社も十分に頑張っていると思う。ただ、自動車という移動可能な居住空間が、市民すなわち市場の利己的なハートを強烈に惹きつけただけのことである。

モビリティを考えるうえで、もう一つ忘れてはいけないことがある。モビリティは、「都市」という「公共空間」のなかで成り立っているサービスであるということである。道路という「公共空間」を、市民は利用し、移動している。一人の人間が、自身の移動のために大きなスペースを占拠したなら、他の人はどう思うだろうか。電車のなかで、大股を広げて、二人分のスペースを占拠し、座っている人がいたなら、みなさんは何と言うか。それと同じことではないだろうか。移動は、人間が生きるために必要な行為である。すべての人間が移動する権利を持っているし、それは永久に保護されなくてはならない。人びとは、他人の移動権を保全するために、協力行動をとることも必要になる。

「コモンズ（共有化）の悲劇」という話をご存じだろうか。経済法則の話だが、共有地である牧草地に複数の農民が牛を放牧しているとしよう。農民は利益の最大化を求めてより多くの牛を放牧する。自身の所有地であれば、牛が牧草を食べ尽くさないように数を調整するが、「共有地」であると、自身が牛を増やさないと他の農民が牛を増やしてしまい、自身の取り分が減ってしまうので、牛を無尽蔵に増やし続けるという結果になる。こうして農民が共有地を自由に利用する限り、資源である牧草地は荒れ果て、結果としてすべての農民が被害を受けることになる。

この話は、モビリティ分野にもあてはまる話ではないだろうか。都市は、まさに「共有地」

であり、「牛」は自身の「移動時の満足度」と見ることができる。自身の満足度（牛）を最大化するため、牧草（都市空間、さらには石油・電気などのエネルギーにも波及するであろう）を無尽蔵に消費することは、市民全員が「悲劇」を被ることになるのである。

このような悲劇を起こさないために必要なことは、やはり市民一人ひとりが、状況を正確に理解し、「無尽蔵な消費」を妨げる「公共心」を持ち合わせること以外にないと思う。すなわち、見識ある良識人としての交通行動をする「モビリティ市民」の育成が必要不可欠だということである。

では、市民が「公共心」を持つことができない場合はどうするのか。「コモンズの悲劇」は、もう一つの打開策も示している。このような場合は、「行政政策として有償で利害関係者に所有権、あるいは独占権を与えて管理させる事によって、悲劇を防ぐ事が出来る」というのである。これをモビリティ分野に当てはめるなら、先の入域賦課金等のロードプライシング政策が有効であることを示していると言えよう。

これからの時代のモビリティ政策では、市民の協力を得るための「公共心」の醸成と、それに基づく協力の呼びかけ、そして、このような「お願いと市民の行動変容に〝期待〟する」だけに頼るのではなく、それでもエゴを通したい人には一定の「経済的な負担」を担ってもらう明確な政策方針を示すことが重要だと、私は考えている。

では、「公共心」を醸成するには、どのような方法があるのか。一言でいえば、「教育」である。

小学校では社会科の教育があるが、このなかでもっとまちづくりやモビリティ政策に関する教育を充実させてほしいものである。公共交通の利用促進を専門とするモビリティ研究者である谷口綾子准教授（筑波大学）らが行った研究によれば、学校の授業で子供たちに「クルマに乗ることはよくない、公共交通を利用すると環境にも健康にもよい……云々」と教えるという。すると生徒が帰宅しての夕食時に、家族とこんな会話が交わされるらしい。

「今日は、クルマと電車のお話を聞いたよ。クルマはCO_2をたくさん出すから地球が熱くなるんだって。それでもって、クルマに乗ると交通事故とかにもあうから、危ないでしょ。電車が使えるなら、できるだけ使った方がいいんだって。パパやママはいつもクルマだから心配……」

子供に諭されると、親も公共交通を利用するよう努力を始めるらしい。子供教育を充実させることの有効性は、都市計画等の学問分野でも、昔から指摘されていることであり、有効な取組みだと言えそうである。

一方、大人たちに公共心を育ませる方法はどうか。最近、行動経済学という分野の「ナッジ理論」という手法が、ノーベル経済学賞の受賞で注目されている。「ナッジ」とは、人間が不完全な選択行動に導かれやすいことを理解したうえで、「正しい行動」をとらせるために生み出されたコンセプトである。次のような例がある。

イギリス政府において納税率の低さが問題視されていた。そこでイギリス政府は、税金滞納者に対して「あなたの住む地域のほとんどの人は期限内に納税しています」という趣旨の手紙を送るようにしたところ、滞納者は強い社会的圧力を感じるようになり、結果として納税率は六八％から八三％に増加したという。また、シカゴの学校の例では、生徒たちが野菜など身体に良いものを食べないことが問題視されていたため、利用者が手に取りやすい位置にサラダなどを置くことで、無意識に健康によい食べものを摂るようになり、健康食品を選ぶ人の割合が以前に比べて三五％も増えたという。存在を意識させることで選択させるという手法は、まさに行動経済学に基づく王道のナッジ理論だといわれる。人間は、ある情報を受けることで、本人の自由意志のもとで、正しい行動をとる〝可能性〟（強要ではないことが重要）があるというのだ。

このような取組みは、モビリティ分野では二〇〇〇年ごろから取り入れられてきた。モビリティマネジメントという手法がそれである。

まず市民の住宅に、次のことを記載した広報資料を配布する。自動車を使うことで交通事故に巻き込まれる可能性のリスク、自動車利用が原因の運動不足が健康被害に発展するリスク、さらには地球温暖化の脅威等を示したパンフレットである。そして、それらの理解を促したあとで、広報物の中に、そっと一枚の公共交通チケットを入れ、「よろしければ、ご利用ください」と記して、公共交通の試し乗りを促すのである。すると、自動車利用から公共交通利用に転換する行動が増加することが、学術的にも立証されている。

モビリティに関する意識啓発情報の提供を、ナッジ理論等に基づいて実践するには、政策立案者はつねに市民との接点に配慮し、教育のためのエビデンス材料を蓄積し、市民に共有できる環境を作っておくことである。

最後に、市民の行動実績を常時捕捉し、どのような情報提供が有効であるのかを考え、適切なタイミングで適切な情報提供を行うことが重要だと言えよう。

これからの時代は、市民に公共心を沸き立たせることが重要である。都市計画の分野では、古くからNIMBY（〝Not In My Back Yard〟――我が家の裏には御免――）という問題がある。それは、ごみ処理場などの迷惑施設は〝私には必要〟であるが、〝私の家の近くでは困る〟といったような事例がある。交通分野も、このような「自分だけは○○しても大丈夫！」という発想が常に市民の中にあるとの認識のもとで、モビリティ政策に取り組む必要がある。従来のモビリティ分野の政策立案者、研究者、技術者が重視してきた交通インフラの整備・維持管理、補助金等の支援スキームをあたりまえのこととし、これからの時代は「モビリティ市民の育成」といった取組みが、持続可能なモビリティ社会のために必要になると言えよう。

6.2——ビッグデータを活用した施策を

●政治家の重い役割——脱ポピュリズム政策——

モビリティ政策のパラダイムシフトが進む中、モビリティ市民の育成と合わせて重要なのが、「政治家の責任」である。ここでいう政治家とは、主に地域モビリティとの関連の深い自治体の首長を指している。近年、世界的にポピュリズム政治の風潮が懸念されている。モビリティ分野でいえば、コミュニティバスの無料化問題等もそうであろう。市民ウケを狙い無料化を進めれば、行政の赤字負担が累積で膨大なものとなり、財政赤字という負の遺産を子供たちの世代に押し付けることになる。

もちろん、市民の反対意見もうまくとりまとめ、未来の世代のために脱NIMBY的モビリティ政策の実行に成功した首長も数多くいる。たとえば、モビリティ分野でもっともNIMBY的要素が強いのはロードプラシング（入域賦課金制度）であろう。その理由は、今まで無料だった一般の市街地道路が、あるときから有料になるからである。このような難題のモビリティ政策を実現した、先進国の都市がある。ロンドンである。

二〇〇〇年のロンドン市長選挙で選ばれたケン・リビングストン氏は、二〇〇三年二月には市内でロードプライシングの導入に成功している。その他にも、スウェーデンの首都ストックホルムやシンガポールなど、ロードプライシングが導入された都市は、いずれも強力な政治指導のもと、市民との対話や、広報戦略を駆使して、合意形成を実現させている。日本では、過去に、東京都や鎌倉市がロードプライシングの導入を検討していたが、市民や業界の反発が大きく、結局は導入されていない。

ただ、ここで注意しなくてはいけないのは、「強力なリーダーシップで実現した」というのは、政治家の「強権発動」によるという意味ではない。導入に成功した各都市に共通していることは、❶将来に向けた明確なモビリティ政策のビジョンを示すこと、❷現状のままでは駄目であることを説得力のある方法で、より多くの市民に納得してもらうこと、❸提案施策（ここではロードプライシング）が最良の方法であることを、説得力のある方法で粘り強く行い、市民に理解してもらうこと、❹社会実験の効果を目に見える形で示すとともに、いろいろな場面でその成果をアピールするといった政策手法をうまく組み合わせることで、政策の実現を勝ち取っていたのである。

ここで、私が過去に行ったNIMBY的施策に対する市民の賛否の態度に関する研究結果を紹介しよう。私の研究では、環境省の研究資金を得て実施したものであり、愛知県民約一七〇〇人を対象に下記のようなシナリオ実験に基づくアンケート調査を行った。シナリオの条件は以下のとおりである。

ある市長が、次の三つのモビリティ施策を実施しようとしている。❶鉄道とバスの新線整備や運行本数の増加等の公共交通を便利にする施策　❷都心部の自動車交通を減らしてその分、緑や歩道を広げる施策　❸ロードプライシング。この三つの施策のNIMBY度合（市民の反対意向）が高いのは、当然、❸>❷>❶である。❸ロードプライシングは、今まで紹介したように、もっとも人気のない施策である。また、もっとも賛成度合が高いのは❶の公共交通活性策である。市民にとっては便利である話でしかないし、自動車利用者も困ることは何もない。その中間が❷の道路空間の削減である。自動車利用者は車線が狭くなり渋滞などの発生を懸念するが、歩行者にとっては歩行やまちの環境が良くなる。そのため、❷は一長一短がある施策である。これらの三つの施策を、市長がどういった順番で実施するなら、市民の合意形成がもっとも高くなるかといったことをモデルを使って定量的に分析した。詳細は、かなり技術的な内容になるので、本書では結論と論点だけをまとめるが、この結果から得られた合意形成度合を高める政策手法は次のとおりであった。

知見①：❸から始めるのがもっとも反対度合が高い。すなわち、NIMBY度合が高い施策から実施することとは、パッケージ施策全体（三つの施策）の導入を失敗させる危険性が高いのである。パッケージ施策では、市民の賛成率が高いものから順に進めるのがよい。

知見②：段階的に導入される各施策ごとに、効果があったことを〝定量的〟にアピールすることが大変重要である。定量化というわかりやすい成功アピールがないと、どこかの段階で、市民が反対する可能性が高まる。

知見③：効果発現のPR以上に、賛否の態度に大きく影響するのは、「施策をなぜ導入する必要があるのかといった点に関する説明」が十分かどうかということ。そして、何より「市長が信頼できる人物であること」であった。すなわち、市長が信頼できない、そして施策に対する説明能力が低いと、全ての施策は、市民の力で棄却される可能性が高まるといった結論を得たのである。

モビリティ社会の大転換期を迎える時代には、施策そのものの内容だけではなく、それを実現させるために首長の政治手腕が求められる。施策の特徴を踏まえ、効果的な「実施の順番」、そして各段階で発現する施策効果を市民にわかりやすくアピールする工夫など、きめ細かな政策運営が求められる。それこそが首長の政治手腕ではないだろうか。

❖モビリティ・プラットフォーム構築の視点

都市・モビリティ政策の分野では、PDCA（Plan-Do-Check-Action）という概念が導入さており、計画だけでなく、実証実験等により、政策効果を検証し、改善すべき点は改善することで、事業を継続するという政策手法が推奨されていた。そして最近、国の政府機関ではＥＢＰＭ（Evidence Based Policy-Making：証拠に基づく政策立案）という政策手法が徹底されようとしている。ＥＢＰＭとは、政策遂行を、思いつくままに進めるのではなく、政策目的の明確化や政策効果の測定において必要なデータは何かを考えながら、エビデンスベースで遂行しようとするものである。政策が目的どおり着実に遂行できているか、目的と政策手法に乖離がないか等を統計等のデータを用いてチェックし、次の段階に向けた改善が継続的にできることを目的にしている。

先ほどの政治家の責任の項目でも、市民の政策受容性（施策に対する導入賛成の獲得）には、その効果をわかりやすく明示することとした。そのためには、施策効果に関する定量的な効果指標データの収集が必要となるが、同じように、政策立案においてもＥＢＰＭのために定量指標データが必要になるのである。

これからのモビリティ施策は、ＭａａＳに代表されるように、ＩｏＴ・ＡＩ（Artificial Intelligence：人工知能）をツールとしたものが多いことから、そこから得られるビッグデータを活用することで、施策効果の把握に必要な効果指標データの収集はきわめて容易になる。そうなると、次に必要となるのは、ＰＤＣＡやＥＢＰＭを行う政策立案者がフリーにアクセスできるデータプラットフォームの存在となる。私も各種の施策データを取り扱うことがあるが、その都度、分析に必要そうなデータを検索し、場合によっては関係者たちからデータを取得するなど、データ分析に係る分析作業に多くの手間と時間をかけている。もし、それらの必要データが、行政組織の壁を越えて、横断的に一括取得できるのであれば、どれほど楽であろう。このような経験を持つ行政職員や研究者、コンサルタントは多いはずである。また、このようなオープンデータプラットフォームがあれば、行政政策の立案と実施後の施策評価といった「行政運営のため」だけでなく、これらのビッグデータを活用することで「ベンチャービジネスの起業支援」という側面でも必ずや地域に役立つはずである。

このようなデータプラットフォームの中に、行政関係のデータだけでなく、公共交通事業者やMaaS事業者等のデータが入り、相互活用できるのであれば、行政と民間の双方にとって大変有益なサービスとなる。

このようなデータプラットフォームの構築については、すでに先進的な行政機関がトライを始めている。国土交通省を中心としたG空間情報センターは、全国の行政機関のオープンデータのほか、民間企業の移動体流動データ等も蓄積し、フリーアクセスのデータと有料データを分け、民間中心のビジネスとしての試行を始めている。また、国だけでなく、先進的な自治体もこのような取組みを進めている。

札幌市では、市の補助支援を受け、一般財団法人さっぽろ産業振興財団が運営主体となり

「DATA-SMART CITY SAPPORO」というデータプラットフォームを構築し、試行している。札幌市の都市行政の課題を踏まえ、それに貢献するICT戦略に貢献できるプラットフォームとなっている。私も、当市のプロジェクトに一部関わっているが、先進的な首長のリーダーシップのもとで、ICT×都市政策の取組みが進められていることに感心させられる。当市の取組みの背景には、❶豪雪地域であるため、雪による交通・生活支障の克服をめざした取組み、❷インバウンドの多い都市であるため観光を核とした地域産業活性化を支援する、❸豪雪地であるため自動車利用が多く、歩行等の運動量が少ないこと、さらに喫煙率も高く健康問題と医療費負担を減らすべき取組みの緊急性といった、市がかかえる多方面の都市課題の克服に、このプラットフォームを活用しようとしている。たいへん参考になる事例である。

これらの先進的なプラットフォームにおいても、最大の課題は、データ活用のすそ野を広げることとビジネス採算性の両立をどう確保するかといった点である。

当然ながらデータは、行政機関だけでなく、企業や研究機関等の多くのステークホルダーが活用する。都市課題の解決や産業振興に有効に貢献できるデータであってほしい。一方で、データプラットフォームがビジネスとしての事業性を確保することも重要である。事業性を高めるには、有料データを高く売ることが必要となる。しかし、高く売れば利用者数は限られる。ベンチャー支援ということを考えるのであれば、それほどの財力は見込めない。ＧＰＳ等の人流データをビジネスで販売するケースもあるが、正直なところいずれも高額で、容易に活用できるものではない。

また、個人情報保護の視点も大きな課題である。このようなプラットフォームとなると、それなりに高いセキュリティレベルが求められる。するとまた、高額な費用が発生する。モビリティ政策の視点で考えると、完全に一〇〇％民間ビジネスとすることはやや無理があるのではないかと思う。また、先ほどの人流データが高額である点については、未だ参入企業が少なく寡占化の状態（一部通信会社や情報サービス会社の先行ビジネスの感覚が強い）が色濃いのではないだろうか。今後、企業参入を促すとともに、行政機関や公的機関もこのような類似の人流データを、行政サービスの一環として取得する方法を考えることで、競争原理に基づく価格競争を促すことが必要ではないか。その点で、私は現在も行政サービスの中で、ビッグデータが取得できる住民と行政の双方にとってwin-winとなるＩＣＴサービスの開発研究にいろいろと取り組んでいる。

また、データプラットフォーム運営者に関する一つのアイデアとして、地方の国立大等の研究機関を活用する方法がないかと探っている。もちろん、行政的サービスとしてのプラットフォーム、地域産業活性化支援のためのプラットフォームサービスという点を考えれば、本来は札幌市モデルが望ましいという意見も多いだろう。しかし、これには三つの課題がある。

一つは、自治体は個人情報保護の縛りが厳しく、それを扱う可能性が高いプラットフォーム運営を行うのは難しいということ。事実、札幌市でも、実際の運営は財団法人が行っているし、そこに市の補助金が投入されている。二つ目は、ビッグデータを扱うことから、相当な専門的スキルが必要になるということ。自治体職員のＩＣＴスキルを高めるという理想的意見もあるだろうが、業務内容が多岐にわたる自治体職員が、常に最先端のＩＣＴスキルを持ち合わせるというのは相当ハードルが高いのではないだろうか。三つ目はプラットフォームには、それ相応のＩＣＴインフラが必要であり、それらの更新も大変である。それらを自治体が行うのは難しいに違いない。

一方で、地方の国立大学には、工学部等の学問領域がある場合、それなりのサーバーやＩＣＴインフラを保有していることが多い。また、その大学が持っていなくても、近傍の旧帝大等には必ずといっていいほど最先端の情報インフラがある。また、近年、地方国立大学は地域振興支援の役割を担うケースが多い。さらに、大学研究機関では、ベンチャー育成のミッションもある。事実、ベンチャーを立ち上げている大学教授も多い。その点で、プラットフォームの意義と適合しており、最先端の技術力を有する大学スタッフは、地域振興のためのプラットフォームの整備運営とベンチャー創生を行うことは、一挙両得ではないだろうか。

大学も、今ある研究インフラの有効利用者になる。また国立大学であれば、民間企業ほど事業採算ラインは厳しくなく、ビッグデータの販売価格面でも効果的な対応ができるのではないだろうか。当然、この場合、大学スタッフにも、経営的センスが求められる。

地方国立大が自治体と連携し、データプラットフォームを構築するという機能を担うことを、一つのアイデアとして提案したい。

最近ビジネスの世界では、「イノベーション」という言葉が飛び交っている。多くの読者が、オープン・イノベーションという言葉を耳にされたことがあるだろう。米国のヘンリー・W・チェスブロウが提唱するイノベーションは、一企業内だけでなく、他の企業、さらには異業種との連携により、効率的かつ創造的に事業が展開することを表す概念として注目されている。

従来、建築・都市分野とモビリティ分野は、「都市における交通渋滞問題」や「建築における附置義務駐車場の整備」など、必然性に迫られて構築される関係であって、必ずしも相互が積極的に触発し合い、リ・デザインに挑むような関係ではなかったと思う。しかし、本書でも示したように、自動運転・MaaSを包含する近未来モビリティ社会では、この関係が再定義される日も近いだろう。

以前、ある建築雑誌主催のセミナーで自動運転社会のまちづくりに関する講演をしたことがある。セミナー会場には、顔見知りの建築・都市コンサルティング業界の関係者以外に、自動車メーカーの方が数多く参加されていたことに驚かされた。何故に自動車業界の方が、建築雑誌主催のセミナーの情報を知り得たのか、疑問に思ったものの、これからのモビリティと都市・建築の世界は、明らかに異分野融合によって新しいイノベーションを起こそうとしていることに間違いはなさそうである。

本書の巻頭でも、日建設計名古屋オフィスの若き建築家たちが考えた自動運転社会の名古屋都心部のアイデアを紹介している。この検討ワークショップには、私もアドバイザーとして参画していた。彼らが思い描く自動運転に関する技術レベルはまちまちではあるが、つぎつぎと描き出されるイノベーティブな近未来モビリティの都市像には、目を見張った。

従来の建築・都市デザインの過程は、自動車のために必要なスペースを差し引いて、空間設計を行う窮屈なものであった。しかし、近未来モビリティの世界で、若い建築家たちは制約から解き放たれ、自由な発想で、建築・都市をリ・デザインできるのである。そしてもう一つ驚くことに、リ・デザインの過程において、彼らは普段の暮らしの中で疑問に思うことや、解決すべきだと感じることを素直にかつ直接的に空間デザインに反映させているのである。

たとえば「De：PARK」と題されたドラフトでは、ネット通販が拡大する現代社会において、リアルな都市空間で買いものをする楽しさを、自動運転社会であえて強く提案したかったのだという。O2O（Online to Offline）ビジネスを都市空間に持ち込み、空間デザインをしている。

「Sakae ソラユカ」では、地表部空間をもっと人間のために活用したいとの思いがある。現状のオフィスビル業界の実情では建物の一階部分に比べると二階以上のテナント価値は低いのだが、そうした既成概念を打破して、自動車アクセスを二階以上にフリーで確保するといったアイデアを提案している。「変わらないまち栄」では、従来仕切られてきた自動車と人の空間が、自動運転時代には融合し、にぎわう様を描き出している。

「Lay Line」は、今後、その位置づけが小さくなっていくと予想される都市内地下駐車場を、音楽ホールや市民のためのオープンスペースに積極的に転換していこうとする、まさに自動運転社会が直面することになる都市リノベーションへの知見である。

建築・都市は、非常に長い時間をかけて創造されるものである。自動運転の専門家たちからは、「レベル5の自動運転社会はまだまだ先の話」と言われるかもしれないが、長い時間を要して生まれて来る都市空間を、近未来モビリティ社会に相応しい形にリ・デザインするため、今すぐにでも着手するべきではないかと思う。

そのための第一歩として、建築・都市業界の専門家と、自動運転やMaaSに携わるOEM(Original Equipment Manufacturer:相手先ブランド名製造)やサービスプロバイダーの方々との融合を担うプラットフォームを、今すぐにでも立ち上げたいと考えている。日建グループが、その役目を担う日が、すぐそこに来ている気がしてならない。

二〇一九年七月

安藤 章

❖参考文献

*——森川高行『道路は、だれのものか』（ダイヤモンド社、2010）
*——有村幹治、小林良邦、中村英夫「都市交通と環境（1）」、一般財団法人運輸総合研究所『運輸政策研究』（2002 summer）所収
*——Easterlin Richard A.（1995）"Will Raising the Incomes of All Increase the Happiness of All". *Journal of Economic Behavior and Organization*, Vol. 27, pp.35-47.
*——岡 並木『都市と交通』（岩波新書、1981）
*——山本俊行、金森亮、安藤章ほか「次世代モビリティ社会を踏まえた移動空間評価手法の開発研究」道路政策の質の向上に資する技術研究開発成果報告レポートNo.26.1（新道路技術会議、2017）
*——津川定之「自動運転今昔物語」自動車技術会ウェブサイト https://www.jsae.or.jp/~dat1/mr/motor15/mr200235.pdf
*——リチャード・フロリダ『クリエイティブ都市論』井口典夫訳（ダイヤモンド社、2009）
*——中西孝樹『CASE革命』（日本経済新聞出版社、2018）
*——日高洋祐、牧村和彦、井上岳一、井上佳三『MaaS』（日経BP、2018）
*——谷口守『入門 都市計画』（森北出版、2014）
*——イギリス運輸省編『都市の自動車交通——イギリスのブキャナン・レポート』八十島 義之助ほか訳（鹿島研究所出版会、1965）
*——五十嵐太郎「建築／都市は自動運転をどう受けとめるか」『モビリティと人の未来』（平凡社、2019）所収
*——川除隆広『ICTエリアマネジメントが都市を創る』（工作舎、2019）

［著者紹介］

安藤 章［あんどう・あきら］

日建設計総合研究所 上席研究員。名古屋大学大学院博士課程修了。一九九一年に日建設計入社。都市・交通計画やＩＣＴなどの先端技術を活用した都市政策研究に取り組んできた。

近年は「成熟社会における〝都市〟では、従来の経済効率性でなく人々の内面的な生活満足度や生命存続機構に重きを置いた政策立案と実施が求められる」との信念から、「幸福」を研究テーマとする。都市工学のみならず、社会学や医学、情報学など多様な領域の研究者との交流は、持ち前のほがらかな性格のたまものと言える。

工学博士、技術士（建設部門 都市及び地方計画）。日本都市計画学会、土木学会、日本人間工学会などに所属し、名古屋大学・客員教授も務める。

近未来モビリティとまちづくり

NSRI選書——004

発行日——二〇一九年八月二〇日

著者——安藤 章［NSRI：日建設計総合研究所］

編集——田辺澄江

エディトリアルデザイン——佐藤ちひろ

制作協力——木村千博［NSRI］

カバーイラスト——川村易

印刷・製本——株式会社精興社

発行者——十川治江

発行——工作舎 editorial corporation for human becoming

〒169-0072 東京都新宿区大久保2-4-12-12F

phone: 03-5155-8940 fax: 03-5155-8941

URL: https://www.kousakusha.co.jp

E-mail: saturn@kousakusha.co.jp

ISBN978-4-87502-500-9